Couverture inférieure manquante

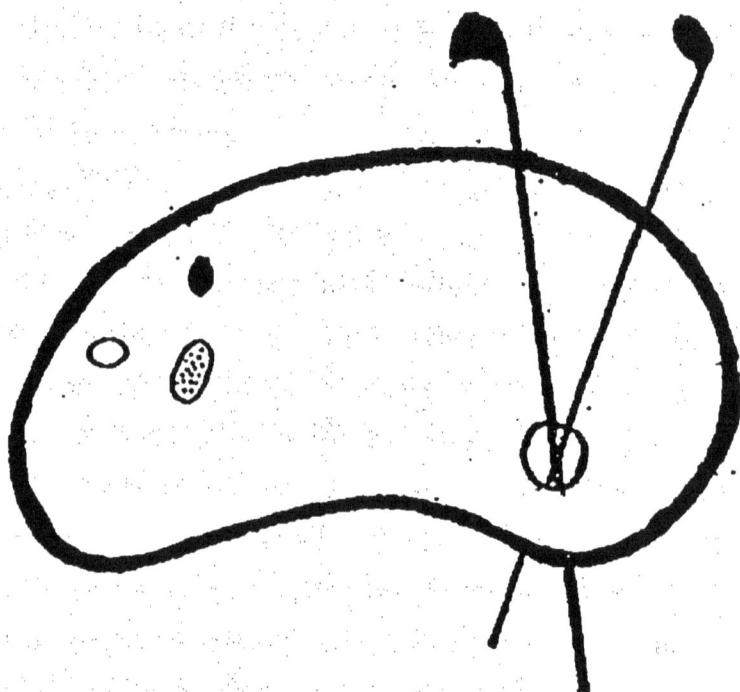

DÉBUT D'UNE SÉRIE DE DOCUMENTS
EN COULEUR

...OTHÈQUE CLASSIQUE D'OUVRAGES PHILOSOPHIQUES

DESCARTES

DISCOURS
DE LA MÉTHODE

ET

PREMIÈRE MÉDITATION

NOUVELLE ÉDITION

AVEC UNE NOTICE BIOGRAPHIQUE, UNE ANALYSE
DES NOTES HISTORIQUES ET PHILOSOPHIQUES
DES ÉCLAIRCISSEMENTS SUR LA MÉTHODE ET LES PRINCIPAUX POINTS
DE LA PHILOSOPHIE CARTÉSIENNE,
DES EXTRAITS DES AUTRES OUVRAGES

PAR

Victor BROCHARD

Docteur ès lettres
Professeur de philosophie au lycée Fontanes

PARIS

LIBRAIRIE GERMER BAILLIÈRE ET Cie
108, BOULEVARD SAINT-GERMAIN, 108

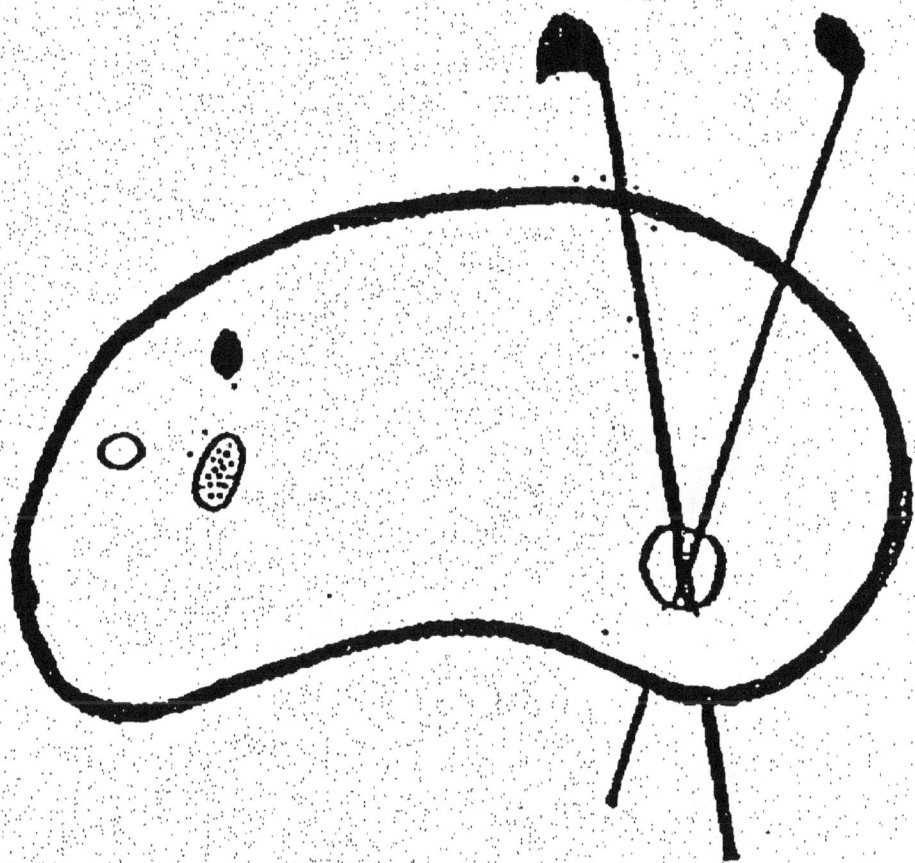

FIN D'UNE SERIE DE DOCUMENTS
EN COULEUR

DISCOURS
DE LA MÉTHODE

ET

PREMIÈRE MÉDITATION

LIBRAIRIE GERMER BAILLIÈRE ET Cie

AUTRE OUVRAGE DE M. V. BROCHARD

De l'Erreur. 1 vol. in-8 (1879) . . . . 3 fr. 50

BIBLIOTHÈQUE CLASSIQUE D'OUVRAGES PHILOSOPHIQUES

AUTEURS

Devant être expliqués dans les classes de philosophie
conformément aux programmes de l'enseignement secondaire
classique prescrits par arrêté du 2 août 1880.

Auteurs français.

Descartes. — *Discours sur la Méthode; première Méditation,* avec notes, introduction et commentaires, par M. V. BROCHARD, professeur de philosophie au lycée Fontanes. — 1 vol. in-18 . . . . . . 2 fr.

Leibnitz. — *Monadologie,* avec notes, introduction et commentaires, par M. D. NOLEN, professeur de philosophie à la Faculté des lettres de Montpellier. — 1 vol. in-18. Paraîtra le 1er décembre.

Auteurs latins.

Cicéron. — *De legibus,* livre I, avec notes, introduction et commentaires, par M. G. COMPAYRÉ, professeur de philosophie à la Faculté des lettres de Toulouse. — 1 vol. in-18 . . . . 1 fr. 25

Sénèque. — *De vita beata,* avec notes, introduction et commentaires, par M. L. DAURIAC, maître de conférences de philosophie à la Faculté des lettres de Lyon. — 1 vol. in-18 . . . . 1 fr. 2

Auteurs grecs.

Platon. — *République,* livre VIII, avec introduction, notes et commentaires, par M. A. ESPINAS, maître de conférences de philosophie à la Faculté des lettres de Douai. — 1 vol. in-18. Paraîtra le 15 décembre.

Aristote. — *Morale à Nicomaque,* livre VIII, avec introduction, notes et commentaires, par M. L. CARRAU, professeur de philosophie à la Faculté des lettres de Besançon. — 1 vol. in-18. Paraîtra le 15 décembre.

Allemand.

Morceaux choisis des philosophes allemands, avec notices biographiques, notes et arguments analytiques, par M. ANTOINE LÉVY, agrégé de l'Université, professeur d'allemand au lycée Charlemagne. —1 vol. in-18. Paraîtra le 15 décembre.

PARIS. — Impr. J. CLAYE. — A. QUANTIN et C°, rue St-Benoît.

BIBLIOTHÈQUE CLASSIQUE D'OUVRAGES PHILOSOPHIQUES

DESCARTES

DISCOURS

DE LA MÉTHODE

ET

PREMIÈRE MÉDITATION

NOUVELLE ÉDITION

AVEC UNE NOTICE BIOGRAPHIQUE, UNE ANALYSE
DES NOTES HISTORIQUES ET PHILOSOPHIQUES
DES ÉCLAIRCISSEMENTS SUR LA MÉTHODE ET LES PRINCIPAUX POINTS
DE LA PHILOSOPHIE CARTÉSIENNE
DES EXTRAITS DES AUTRES OUVRAGES

PAR

Victor BROCHARD

Docteur ès lettres
Professeur de philosophie au lycée Fontanes

PARIS

LIBRAIRIE GERMER BAILLIÈRE ET Cie

108, BOULEVARD SAINT-GERMAIN, **108**

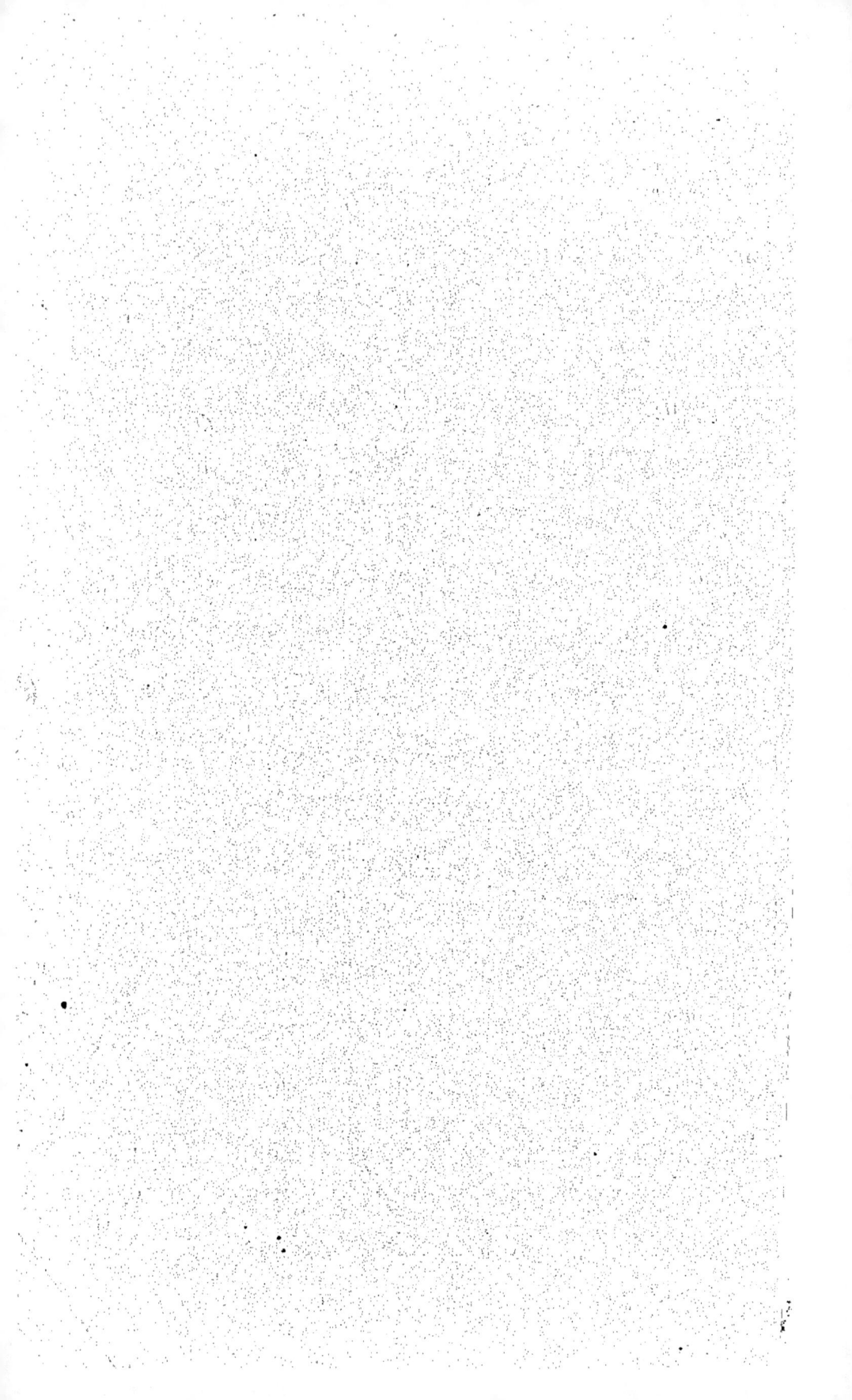

NOTICE BIOGRAPHIQUE[1]

René Descartes naquit à la Haye, petit village de Touraine, le 31 mars 1596. Il fit ses études au collège de la Flèche, dirigé par les jésuites : il les termina à l'âge de seize ans, en 1612. Dans le *Discours de la méthode*, il raconte lui-même l'histoire de son esprit. Avide de science et peu satisfait de ce qu'il avait trouvé dans les livres, il voulut se mêler au monde « plutôt comme spectateur que comme acteur dans les diverses comédies qui s'y jouent. » C'est pourquoi après avoir passé quelques années à Paris, il prit en 1617 du service en Hollande, sous le prince Guillaume de Nassau. Il fut ensuite au service du duc de Bavière, parcourut presque toute l'Allemagne, la Suède, le Danemark, la Hollande. Le résultat de ses voyages fut d'attirer son attention sur la diversité des coutumes, des croyances, des modes admises par les différents peuples. Il remarqua que beaucoup d'idées obstinément conservées par certaines nations, sont repoussées par d'autres, tout aussi raisonnables ; et, par suite, qu'elles ne sont point fondées en raison. Il parvint ainsi à s'affranchir d'un grand nombre de préjugés, et s'habitua peu à peu à prendre pour juge de la vérité non pas l'opinion du plus grand nombre des hommes, mais l'évidence, telle que la raison ramenée à elle-même la découvre. C'est dans un de ses voyages qu'il commença à réfléchir et qu'il jeta les fondements de sa philosophie. A l'époque où il entreprit ses travaux, il eut une vision et entendit une voix du ciel qui l'appelait à réformer la philosophie ; il fit le vœu, qu'il accomplit plus tard, de faire un pèlerinage à Notre-Dame de Lorette.

Au retour de ses voyages, après deux années passées à Paris, il assista en 1628 au siège de la Rochelle et s'engagea comme volontaire dans l'armée royale jusqu'à la prise de la ville. Enfin, en 1629, voulant se consacrer tout entier à l'étude,

1. Sur la vie, les œuvres de Descartes et sur l'influence qu'exerça sa philosophie, consulter l'*Histoire de la Philosophie cartésienne* de M. Francisque Bouillier. Voir aussi l'étude de M. Millet, *Descartes, sa vie, ses travaux, ses découvertes avant 1637.* (Paris, Thorin, 1867.)

désirant, par conséquent, échapper aux distractions, aux visites, aux conversations et aux interrogations de ses amis, fatigué aussi par le climat de Paris qui, disait-il, ne lui faisait engendrer que des chimères, averti peut-être par l'exemple de Galilée du danger qu'il y avait à philosopher trop librement sur certaines questions dans certains pays, il quitta la France et alla s'établir en Hollande : il y séjourna vingt ans, changeant souvent de résidence, s'entourant de mystère, afin d'échapper plus sûrement à la curiosité de ses amis et des nombreux adeptes que ses idées, une fois connues, lui atti-rèrent. « En cette grande ville où je suis, écrivait-il d'Ams-terdam, n'y ayant aucun homme (excepté moi,) qui n'exerce la marchandise, chacun y est tellement attentif à son profit, que j'y pourrais demeurer toute ma vie sans être jamais vu de personne. Je vais me promener tous les jours parmi la confusion d'un grand peuple, et je n'y considère pas autre-ment les hommes que j'y vois que je ferais les arbres qui se rencontrent en vos forêts, ou les animaux qui y paissent. Le bruit même de leur tracas n'interrompt pas plus mes rêve-ries que ferait celui de quelque ruisseau [1]. » C'est alors aussi qu'il prit pour devise : *Bene vixit, bene qui latuit.*

Pendant ces vingt années passées en Hollande, Descartes composa ses principaux ouvrages et partagea son temps entre les mathématiques, la philosophie, la physique, la chimie et l'anatomie. Parmi toutes ces études, il est difficile de désigner celle à laquelle il attacha le plus d'importance. S'il a laissé un nom immortel comme philosophe, il compte aussi parmi les grands inventeurs en mathématiques : c'est lui qui appli-qua l'algèbre à la géométrie et qui créa la géométrie analy-tique. Mais les mathématiques elles-mêmes n'étaient pour lui qu'un moyen d'arriver à la physique, et nous voyons par divers passages de ses œuvres, notamment par la sixième par-tie du *Discours de la méthode*, qu'il se préoccupait surtout des applications pratiques qu'on peut tirer des théories scien-tifiques, pour le plus grand bien de l'humanité. La connais-sance approfondie et le progrès de la médecine étaient peut-être le but suprême qu'il entrevoyait et poursuivait. Il est certain qu'il consacra beaucoup de temps à l'étude des corps vivants. A Amsterdam, il allait chez les bouchers de la ville pour voir tuer les animaux et se faisait apporter les membres qu'il voulait disséquer. Un de ses amis lui ayant rendu visite et lui demandant à voir sa bibliothèque, Descartes le condui-

---

1. Lettre à M. de Balzac, 15 mai 1621.

sit sur le derrière de sa maison et, tirant un rideau, il lui montra un veau à la dissection duquel il travaillait et dit : « Voilà ma bibliothèque : voilà le livre que j'estime le plus, que je lis le plus ordinairement. »

Descartes, ayant publié en 1637 le *Discours de la méthode,* avec la *Dioptrique* et les *Météores,* puis sa *Géométrie,* plus tard, en 1641, les *Méditations,* devint rapidement célèbre, et beaucoup de bruit se fit autour de son nom. Telle était sa réputation, même en France, qu'un mathématicien célèbre, M. de Beaugrand, pendant qu'on imprimait à Leyde le *Discours de la méthode,* avait aposté un homme qui lui faisait parvenir les feuilles à mesure qu'on les tirait.

Bientôt un des disciples de Descartes, Leroy, professeur à l'université d'Utrecht, ayant obtenu la permission d'exposer la philosophie nouvelle, les partisans de la philosophie péripatéticienne se soulevèrent contre Descartes, et les persécutions qu'il avait voulu éviter en France l'atteignirent dans la libérale et protestante Hollande. Il fut dénoncé par un adversaire implacable, Voétius, recteur de l'université d'Utrecht, et fut appelé devant les magistrats pour répondre du crime d'athéisme et de calomnie, et voir brûler ses livres par la main du bourreau : l'intervention de l'ambassadeur de France arrêta toute cette procédure. Il faut ajouter que Descartes, ayant publié plusieurs écrits pour se justifier, finit par obtenir gain de cause.

Fatigué sans doute de toutes ces discussions, Descartes, sollicité depuis longtemps par la reine Christine de se rendre en Suède, se décida à quitter la Hollande ; il arriva à Stockholm en 1649 et y fut reçu avec les plus grands honneurs. Tous les jours, il se rendait à cinq heures du matin dans la bibliothèque de la cour, et la reine l'écoutait disserter sur les questions de philosophie. Mais le philosophe, dont la santé avait toujours été délicate, ne put résister au climat de la Suède ; il succomba, en 1650, à l'âge de cinquante-trois ans.

En 1667, les restes mortels de Descartes furent rapportés de Suède en France et ensevelis dans l'église Saint-Étienne-du-Mont. Le jour de la cérémonie, le Père Lallemand, chancelier de l'Université, était sur le point de monter en chaire pour prononcer son oraison funèbre, lorsqu'arriva un ordre de la cour qui interdisait qu'aucune parole d'éloge fût prononcée : on doutait de l'orthodoxie de Descartes et ses doctrines commençaient à être vivement attaquées.

Voici la liste des principaux ouvrages de Descartes : *Discours de la Méthode pour bien conduire sa raison et chercher la vérité dans les sciences,* publié avec la *Dioptrique* et les *Météores,* en 1637 (Leyde). Ces ouvrages furent traduits en latin par Ét. de Courcelles, et la traduction fut revue par Descartes, qui fit quelques additions au texte primitif (1464, Amsterdam). — *Meditationes de prima philosophia, ubi de Dei existentia et animæ immortalitate* (Paris, 1641). Le duc de Luynes fit de cet ouvrage une traduction française qui fut revue par Descartes (1647). — *Principes de philosophie* (1464, Amsterdam, en latin ; 1647, Paris, en français). — *Traité des passions humaines* (1650, Amsterdam). — Après la mort de Descartes furent publiés *le Monde, ou Traité de la lumière* (1677, Paris). — *Lettres de René Descartes, où sont traitées les plus belles questions touchant la morale, la physique, la médecine et les mathématiques, données au public par le sieur Clerselier* (Paris, 1667). — Enfin, dans une édition des œuvres posthumes de physique et de mathématiques, publiée à Amsterdam en 1701, parut le traité inachevé : *Regulæ ad directionem ingenii.*

Les principales éditions des œuvres de Descartes sont celles d'Amsterdam, 3 vol., 1713 ; de Francfort-sur-le-Mein, 3 vol., 1697 ; celle de M. Cousin, 11 vol. (Paris, 1824-26.) Signalons encore l'édition des œuvres philosophiques, par M. Ad. Garnier, 4 vol. (Paris, 1835), et les éditions du *Discours de la Méthode,* très soignées et accompagnées d'excellents commentaires de MM. Rabier et Liard.

ANALYSE

DU

DISCOURS DE LA MÉTHODE

PREMIÈRE PARTIE.

Diverses considérations touchant les sciences.

L'exorde du discours est consacré à expliquer l'intention de Descartes en publiant ce livre. Ce qui met entre les hommes de si grandes différences, c'est bien moins l'inégalité des intelligences (car la raison ou le bon sens sont à peu près les mêmes chez tous) que la direction qu'on donne à l'esprit, c'est-à-dire la méthode que l'on suit : « Il ne suffit pas d'avoir l'esprit bon : le principal est de l'appliquer bien. » Or Descartes a eu le bonheur de rencontrer une méthode qui lui a donné d'excellents résultats : voilà pourquoi il veut la faire connaître aux autres hommes. Il ne prétend d'ailleurs pas l'imposer ; il la propose seulement comme un exemple ; « il représente sa vie comme en un tableau, afin que chacun en puisse juger ».

Dans le récit qu'il fait ensuite de son existence intellectuelle, Descartes explique qu'étant amoureux de la vérité, il l'a cherchée d'abord dans les livres et dans les sciences qu'on enseigne dans les écoles : il ne l'y a pas trouvée.

Ce n'est pas que ces sciences n'aient leurs bons côtés et leurs avantages : Descartes les passe en revue et indique ce qu'elles ont d'utile. Les langues sont nécessaires pour l'intelligence des livres anciens ; la gentillesse des fables réveille l'esprit ; l'histoire, lue avec discrétion, aide à former le jugement ; la lecture des bons auteurs est comme une conversation avec les plus honnêtes gens des siècles passés, et même une conversation étudiée en laquelle ils ne nous découvrent que les meilleures de leurs pensées ; l'éloquence a des forces et des beautés incomparables ; la poésie a des délicatesses et des douceurs très ravissantes ; les mathématiques ont des inventions très subtiles et peuvent servir à faciliter tous les arts ; les livres de morale contiennent des enseignements fort utiles ; la théologie enseigne à gagner le ciel ; la philosophie donne le moyen de parler vraisemblablement de toutes choses et de se faire admirer des moins savants ; la jurisprudence et la médecine apportent des honneurs et des richesses à ceux qui les cultivent ; enfin il est bon de connaître les sciences les plus superstitieuses et les plus fausses afin de se garder d'en être trompé.

Mais, si utiles qu'elles soient à ces divers points de vue, ces sciences sont insuffisantes pour qui cherche à découvrir la vérité ; pour le montrer, Descartes les reprend dans le même ordre. On ne peut passer sa vie à lire des livres anciens ou des histoires, pas plus qu'on ne doit employer trop de temps à voyager. L'histoire, qui ne représente jamais le passé tout entier, mais omet nécessairement les plus basses et moins illustres circonstances, doit, si on en abuse, fausser le jugement. L'éloquence et la poésie sont moins des fruits de l'étude que des dons de nature : le génie est nécessaire pour y exceller, et il suffit, alors même qu'on ne parlerait que bas-breton. Quant aux mathématiques, Descartes ne voyait pas encore leur vrai usage ; et il s'étonnait que sur des fondements si fermes on n'eût rien bâti de plus relevé. Les livres de morale sont comme des palais magnifiques bâtis sur du sable et de la boue ; ils louent les vertus, mais n'enseignent pas assez à les connaître, et nous offrent souvent des exemples qui ne sont point à imiter. La théologie n'est pas indispensable pour gagner le ciel, et les plus ignorants y ont accès aussi bien que les plus doctes. Enfin, en philosophie, il n'y a aucune chose dont on ne dispute, et tant d'opinions contradictoires ne peuvent être vraies ensemble. Pour les autres sciences, comme leurs principes dépendent de la philosophie, elles ne peuvent pas être plus solides que ne l'est la philosophie elle-même.

Faute de trouver la vérité dans les livres, Descartes la chercha ailleurs, « dans le grand livre du monde ». Il se mit à voyager, à voir des cours et des armées, à fréquenter des gens de diverses humeurs et conditions. Mais là non plus il ne trouva pas ce qu'il cherchait ; car il y a autant de diversité entre les mœurs des hommes qu'il en avait remarqué auparavant entre les opinions des philosophes. Cependant il retira de ses voyages un profit en quelque sorte négatif ; s'il n'apprit point la vérité, il se délivra du moins d'un grand nombre

d'erreurs et de préjugés, car bien des choses qui nous paraissent extravagantes et ridicules ne laissent pas d'être communément reçues et approuvées par d'autres grands peuples. Il
apprit ainsi à ne rien croire trop fermement de ce qui ne lui
avait été persuadé que par l'éducation et la coutume et à ne
se fier qu'à sa raison.

Après ces deux tentatives infructueuses, il résolut un jour
de recourir à un troisième moyen : étudier en lui-même et
chercher les chemins qu'il devait suivre. C'est ce qui lui réussit beaucoup mieux que s'il ne se fût jamais éloigné de son
pays ni de ses livres.

DEUXIÈME PARTIE.

Principales règles de la méthode.

En commençant à réfléchir, Descartes remarqua d'abord
qu'il y a toujours plus de perfection dans les ouvrages entrepris et achevés par un seul homme que dans ceux qui sont
formés de pièces et de morceaux rapportés. Un bâtiment est
mieux ordonné s'il est l'œuvre d'un seul architecte que si l'on
a raccommodé de vieilles murailles bâties à d'autres fins. Les
anciennes cités, formées peu à peu suivant les caprices de
ceux qui y construisent des édifices, sont moins régulières,
avec leurs rues courbées et inégales, qu'une ville dont un
ingénieur aurait d'avance tracé le plan. Sparte a possédé une
législation bien plus parfaite que celle des autres peuples
parce qu'elle était l'œuvre du seul Lycurgue. Ainsi encore
l'état de la vraie religion est bien mieux réglé que les autres,
parce que Dieu seul en a fait les ordonnances.

Dès lors, n'est-il pas naturel de penser que, pour mettre de
l'ordre dans les sciences et approcher de la vérité, le meilleur
moyen est de refaire la science en entier, d'abandonner les
opinions qui se sont formées peu à peu et de divers côtés, pour
réunir en un corps de doctrine les vérités qu'un homme de
bon sens peut découvrir de lui-même?

Cependant une difficulté se présente. Il est dangereux de
renverser tout ce qui existe afin de le remplacer plus tard.
Cette méthode serait surtout funeste si on l'appliquait à la
politique, si on voulait réformer un État en le renversant pour
le redresser. Descartes se défend avec une singulière énergie
de toute intention de ce genre : « Ces grands corps sont trop

malaisés à relever étant abattus, ou même à retenir étant
ébranlés, et leurs chutes ne peuvent être que très rudes. »
S'il y a des abus, on en souffre peu parce qu'on y est ha-
bitué, et ils sont plus supportables que ne serait leur changement, de même que les longs chemins dont les détours ser-
pentent autour d'une montagne sont plus commodes que les
sentiers raides et abrupts qui coupent au court. « C'est pourquoi, conclut Descartes, je ne saurais aucunement approuver
ces humeurs brouillonnes et inquiètes qui, n'étant appelées
ni par leur naissance ni par leur fortune au maniement des
affaires publiques, ne laissent pas d'y faire toujours en idée
quelque nouvelle réformation : et si je pensais qu'il y eût la
moindre chose en cet écrit par laquelle on me pût soupçonner
de cette folie, je serais très marri de souffrir qu'il fût publié. »

Même dans la science, Descartes renoncerait volontiers à
tout réformer, s'il trouvait une autorité à laquelle il pût s'en
rapporter ; mais il y a tant de différences entre les opinions
des plus doctes qu'il est impossible de savoir à qui entendre.
On ne peut pas non plus se fier au bon sens et à la coutume,
car « la pluralité des voix n'est pas une preuve qui vaille rien
pour les vérités un peu malaisées à découvrir, à cause qu'il
est bien plus vraisemblable qu'un seul homme les ait rencontrées que tout un peuple ». Voilà pourquoi il se décide à
entreprendre la réforme de la philosophie.

Mais un tel projet demande de grandes précautions : il faut
se garder d'avancer trop vite, et ne marcher qu'à bon escient ;
il faut, en d'autres termes, s'assurer d'une bonne méthode.
Cette méthode, Descartes l'emprunta à la logique, à l'analyse
des géomètres et à l'algèbre : c'est de là qu'il tira quatre
règles, qui, comprenant les avantages de ces trois sciences,
étaient exemptes de leurs défauts. Voici ces règles :

1° Ne recevoir jamais aucune chose pour vraie que je ne
la connusse évidemment être telle, c'est-à-dire éviter soigneusement la précipitation et la prévention, et ne comprendre
rien de plus en mes jugements que ce qui se présenterait si
clairement et si distinctement à mon esprit, que je n'eusse
aucune occasion de le mettre en doute ;

2° Diviser chacune des difficultés que j'examinerais en
autant de parcelles qu'il se pourrait, et qu'il serait requis
pour les mieux résoudre ;

3° Conduire par ordre mes pensées, en commençant par
les objets les plus simples et les plus aisés à connaître, pour
monter peu à peu, comme par degrés, jusques à la connaissance des plus composés, et supposant même de l'ordre entre

ceux qui ne se précéderaient point naturellement les uns les autres;

4° Faire partout des dénombrements si entiers et des revues si générales que je fusse assuré de ne rien omettre.

Cette méthode une fois trouvée, Descartes l'appliqua aux mathématiques, afin de l'éprouver et de s'y exercer : elle lui donna les meilleurs résultats et lui devint vite familière. Avant de l'appliquer à la philosophie, il voulut atteindre un âge plus avancé que celui de vingt-trois ans qu'il avait alors; c'est seulement après de longues études qu'il aborda enfin les difficiles problèmes de la métaphysique.

TROISIÈME PARTIE.

Quelques règles de morale tirées de cette méthode.

Cependant il ne suffit pas, avant de commencer à rebâtir son logis, de l'abattre et de faire provision de matériaux ou. d'architectes; il faut encore se pourvoir d'un autre où on pourra se loger commodément pendant le temps qu'on y travaille. De même, pour ne point demeurer irrésolu en ses actions pendant que la raison l'obligerait de l'être en ses jugements, Descartes se forma une morale par provision qui ne consistait qu'en trois ou quatre maximes :

1° Obéir aux lois et coutumes de mon pays, retenant constamment la religion en laquelle Dieu m'a fait la grâce d'être instruit dès mon enfance, et me gouvernant en toute autre chose suivant les opinions les plus modérées et les plus éloignées de l'excès, qui fussent communément reçues en pratique par les mieux sensés de ceux avec lesquels j'aurais à vivre;

2° Être le plus ferme et le plus résolu en mes actions que je pourrais, et ne suivre pas moins constamment les opinions les plus douteuses, lorsque je m'y serais une fois déterminé, que si elles eussent été très assurées; imitant en ceci les voyageurs qui, se trouvant égarés en quelque forêt, ne doivent pas errer en tournoyant tantôt d'un côté, tantôt d'un autre, ni encore moins s'arrêter en une place, mais marcher toujours le plus droit qu'ils peuvent vers un même côté, et ne le changer point pour de faibles raisons, encore que ce n'ait peut-être été au commencement que le hasard seul qui les ait déter-

minés à le choisir; car, par ce moyen, s'ils ne vont pas justement où ils désirent, ils arriveront au moins à la fin quelque
part où vraisemblablement ils seront mieux que dans le milieu
d'une forêt;

3° Tâcher toujours plutôt à me vaincre que la fortune, et à
changer mes désirs que l'ordre du monde; en un mot, faire
de nécessité vertu, ne désirer que ce qui est possible, et me
résigner à ce qui ne peut manquer d'arriver;

4° Pour conclusion de cette morale, Descartes passe en
revue les différentes occupations auxquelles les hommes
peuvent se livrer, et n'en trouve pas de meilleure que celle-là
même qu'il a commencée : l'étude de la philosophie.

Il continue donc à s'exercer dans l'application de sa méthode, et y trouve un extrême contentement. Dès lors, il peut
entreprendre librement de se défaire des opinions qu'il a autrefois reçues en sa créance; pendant neuf ans, il se mêle au
monde, tâchant d'être spectateur plutôt qu'acteur en toutes
les comédies qui s'y jouent. Il déracine de son esprit toutes
les erreurs qui s'y étaient pu glisser. « Non que j'imitasse
pour cela les sceptiques qui ne doutent que pour douter et
affectent d'être toujours irrésolus; car, au contraire, tout
mon dessein ne tendait qu'à m'assurer et à rejeter la terre
mouvante et le sable pour trouver le roc et l'argile. »

Cependant, bien que Descartes ne se fût pas encore appli-
qué aux questions de philosophie proprement dite, le bruit
s'était répandu qu'il avait fait de grandes découvertes : ayant
le cœur assez bon pour ne pas vouloir qu'on le prît pour
autre chose qu'il n'était, il voulut se rendre digne de sa réputation. C'est alors qu'il se retira en Hollande, et, après huit ans
d'étude, il publie les principales vérités de la métaphysique.

QUATRIÈME PARTIE.

*Raisons par lesquelles on prouve l'existence de Dieu
et de l'âme humaine qui sont les fondements de la métaphysique.*

1° Ayant résolu de chercher des vérités inébranlables, Descartes prend le parti de rejeter tout ce en quoi il pourrait
imaginer le moindre doute. Dès lors, il rejette ce que les sens
lui font connaître, parce que les sens nous trompent quelquefois; il rejette même les propositions mathématiques,

parce qu'on commet quelquefois des paralogismes, en essayant de les démontrer; enfin il rejette toutes les pensées qui lui sont jamais entrées dans l'esprit, parce qu'il nous arrive d'avoir les mêmes idées en songe qu'étant éveillés. — Voilà ce qu'on appelle le *doute méthodique* de Descartes.

2° Mais au moment de penser que tout est faux, un obstacle l'arrête. Cette proposition : *Je pense, donc je suis*, est si ferme et si assurée que toutes les plus extravagantes suppositions des sceptiques ne sauraient l'ébranler : il faut bien que, lui qui pense, existe. — Voilà le premier principe de la philosophie qu'il cherche

3° Il est parce qu'il pense, et il n'est qu'autant qu'il pense. Posez la pensée, même sans le corps, et l'existence est donnée avec elle ; supprimez la pensée, même en laissant le corps, et l'existence du *moi* disparaît. En d'autres termes, l'âme peut exister sans le corps : elle est distincte du corps. — « Je suis une substance dont toute la nature ou l'essence n'est que de penser. » L'âme est plus aisée à connaître que le corps.

4° Ayant trouvé une proposition certaine, Descartes se demande à quel signe on peut reconnaître en général qu'une proposition est certaine. Il n'y a pas d'autre règle que celle-ci : Les choses que nous concevons fort clairement et fort distinctement sont toutes vraies ; il y a seulement quelque difficulté à bien remarquer quelles sont celles que nous concevons distinctement. — Voilà le critérium de la vérité.

5° Descartes remarque que douter est une imperfection ; mais d'où a-t-il appris à connaître quelque chose de plus parfait qu'il n'est? Cette idée de la perfection ne peut lui venir des sens; car les idées de cet ordre, les idées de lumière, de chaleur, n'ont rien qui les rende supérieures à lui : leur présence s'explique par la nature ou la perfection de son esprit, bien suffisante pour en rendre compte. Mais l'idée du parfait, qui le dépasse, ne peut venir de lui : il serait absurde de dire qu'elle vient du néant. D'où vient-elle donc ? Il ne reste plus qu'à dire qu'elle a été mise en son esprit par une nature ou un être qui a réellement toute la perfection dont il a l'idée, c'est-à-dire par Dieu.

6° A cette première preuve de l'existence de Dieu, Descartes en ajoute aussitôt une seconde. Il existe, mais il n'a pu se donner l'existence; car, s'il se l'était donnée, il n'aurait pas manqué de se donner en même temps toutes les perfections dont il a l'idée. Il dépend donc d'un autre être, qui lui-même ne dépend de rien, c'est-à-dire qui est Dieu. — De là résulte un moyen de déterminer les attributs de Dieu : il suffit de considérer, de toutes les choses dont il a quelque idée, si c'est perfection ou non de les posséder; rien de ce qui marque quelque imperfection ne peut être en Dieu. Il suit de là que Dieu est infini, éternel, immuable, tout-puissant, immatériel, etc.

7° Voici une troisième preuve de l'existence de Dieu. La certitude des vérités mathématiques n'est fondée que sur ce qu'on les conçoit évidemment. Étant donnée l'idée du triangle, il est compris dans cette idée, on le voit clairement, qu'il faut que les trois angles soient égaux à deux droits. Or, étant donnée l'idée du parfait, on voit tout aussi clairement que l'existence y est comprise; car l'existence n'est-elle pas une perfection? — Ce que l'idée du triangle comprend, ce n'est pas, il est vrai, l'existence (car il se pourrait faire qu'il n'y eût pas de triangle réel), mais une propriété, celle d'avoir trois angles égaux à deux droits. Au contraire, l'idée du parfait a ce privilège que c'est l'existence même, et non une simple manière d'être, qu'elle comprend. Il est donc pour le moins aussi certain que Dieu est ou existe qu'aucune démonstration de géométrie le saurait être.

8° S'il y a des hommes qui ne soient pas convaincus par ces raisons, ils doivent apprendre de Descartes que les autres choses dont ils se pensent plus assurés, comme d'avoir un corps, qu'il y a des astres et une terre, sont en réalité beaucoup moins certaines. En effet, nous avons en rêve les mêmes idées qu'étant éveillés, et elles sont tout aussi vives et expresses. D'où sait-on qu'elles sont fausses dans un cas, vraies dans l'autre? On ne pourra échapper au doute que si l'on présuppose l'existence de Dieu. Cette proposition, prise tout à l'heure pour une règle, que ce que nous concevons très clairement est vrai, n'est assurée que parce que Dieu existe. C'est parce que Dieu est parfait qu'il n'a pu vouloir nous tromper, et c'est parce qu'il n'a pu nous tromper que nous pouvons nous fier aux idées qu'il a mises en nous, en ce qu'elles ont de clair et de distinct. — L'autorité de la raison et de l'évidence est ainsi, en dernière analyse, fondée sur la véracité divine : et nous ne pouvons savoir que le monde existe si nous ne savons au préalable qu'il y a un Dieu.

CINQUIÈME PARTIE.

Ordre des questions de physique et particulièrement
explication du mouvement du cœur, etc.

A l'aide des principes qu'il vient de poser, Descartes est en
mesure d'expliquer tout l'univers. C'est ce qu'il avait tenté
dans le *Traité du monde ou de la lumière,* qui ne fut publié
qu'après sa mort, et dont la cinquième partie du *Discours de
la méthode* est un résumé succinct. A vrai dire, Descartes ne
prétend pas expliquer comment le monde s'est formé en fait,
historiquement : il veut seulement indiquer ce qui arriverait
si Dieu créait de nouveau la matière et la laissait ensuite agir
suivant les lois qu'il a établies.

Il admet d'abord que la matière a été créée par Dieu, et il
n'entend par matière que l'étendue, sans forme et sans aucune
des qualités que nous sommes habitués à lui attribuer. Puis,
de la perfection de Dieu qu'il a démontrée il déduit les lois
du mouvement. Étant donnés l'étendue et le mouvement, il
s'agit d'expliquer, sans invoquer aucun principe nouveau,
sans réclamer l'intervention même de Dieu autrement que
pour conserver à cette matière l'existence qu'il lui a donnée,
comment tous les êtres de l'univers se sont formés.

Par application des lois du mouvement, la matière, livrée
à elle-même, devait se disposer d'une certaine façon qui la
rendait semblable à nos cieux ; puis quelques-unes de ses parties devaient composer la terre, le soleil, les planètes. Ainsi
encore s'expliquaient d'une manière toute mécanique l'appa-
rition de l'eau et de l'air, le flux et le reflux de la mer, et
tous les corps que nous voyons sur la terre.

De la description des corps inanimés et des plantes, Descartes passait à celle des animaux et particulièrement à celle
des hommes. La vie s'explique, suivant lui, sans qu'il soit
nécessaire de recourir à une âme raisonnable, ou même à une
âme végétative : le seul jeu mécanique des organes suffit à
rendre compte de tous les phénomènes qui sont propres
aux êtres vivants. Pour démontrer sa thèse, et en même temps
la mettre en pleine lumière, Descartes prend un exemple : il
décrit longuement les mouvements du cœur, tels qu'on les
connaissait de son temps, après que Harvey avait découvert
la circulation du sang, et il s'attache à démontrer que, dans
ces mouvements si compliqués, il n'y a rien dont la mécanique ne puisse rendre un compte exact, rien qui suppose

l'action d'un principe immatériel ou d'une âme. Tout se passe comme dans un automate bien réglé; par suite des mouvements qu'il a décrits, et en raison de la conformation des organes, les esprits animaux, qui sont la partie la plus subtile du sang, sont agités et emportés vers la tête, et de là répandus dans tout le corps.

Ainsi se trouve amenée la célèbre théorie de Descartes sur l'automatisme des bêtes : elle est la conséquence du système, elle en fait partie intégrante. Si les principes posés par Descartes sont vrais, il faut que les animaux soient comme des horloges où les ressorts et les roues suffisent à expliquer tous les mouvements : ils n'ont ni intelligence ni sensibilité. Pour justifier cette conséquence étrange à laquelle la logique l'a conduit, Descartes invoque deux raisons : 1º les animaux ne parlent pas. Or on voit par l'exemple des hommes les plus stupides qu'il suffit de fort peu d'intelligence pour parler. Incapables de langage, les animaux n'ont donc pas du tout d'intelligence. Ce ne sont pas les organes qui leur manquent, puisque quelques-uns, les perroquets et les pies, sont capables d'articuler des sons; 2º les animaux sont incapables de varier leurs actions. S'ils font plusieurs choses aussi bien ou peut-être mieux que nous, on voit assez qu'ils ne le font point par intelligence, puisqu'ils sont incapables de modifier leur manière d'agir. Le propre de l'intelligence, au contraire, parce que la raison est un instrument universel, est de s'adapter aux circonstances, de tirer parti des événements, de modifier les moyens qu'elle emploie suivant les fins qu'elle poursuit. Il n'est pas douteux, suivant Descartes, que des machines, suffisamment compliquées et bien construites, ne fussent en état d'accomplir toutes les actions que nous voyons faire aux animaux. « C'est la nature qui agit en eux suivant la disposition de leurs organes : ainsi on voit qu'une horloge, qui n'est composée que de roues et de ressorts, peut compter et mesurer le temps plus justement que nous avec toute notre prudence. »

Après avoir exposé tout ce qui s'explique uniquement par l'étendue et le mouvement, Descartes s'occupe de l'âme raisonnable. Nous entrons ici dans un monde nouveau : il y a une solution de continuité, un intervalle infranchissable dans la série des êtres. L'âme, en effet, « ne peut aucunement être tirée de la puissance de la matière, ainsi que les autres choses dont j'avais parlé, mais elle doit expressément être créée » par Dieu. C'est une des plus dangereuses erreurs de croire que l'âme des bêtes soit de même nature que la nôtre, et que

par conséquent nous n'avons rien à craindre ni à espérer
après cette vie, non plus que les mouches et les fourmis. Si
on sait, au contraire, combien elles diffèrent, on comprend
qu'étant d'une nature entièrement indépendante du corps,
l'âme humaine n'est point sujette à mourir avec lui : et on est
porté naturellement à juger de là qu'elle est immortelle.

SIXIÈME PARTIE.

*Quelles choses sont requises pour aller plus avant en la
recherche de la nature.*

Descartes, dans cette dernière partie du *Discours*, nous
expose successivement les raisons qu'il avait eues d'abord de
publier le *Traité de la lumière*, dont il vient de donner un
abrégé, puis les raisons qui l'ont empêché de le publier, enfin
les motifs qu'il a d'en faire connaître le résumé et quelques
parties.

Il voulait publier son livre d'abord parce que les vérités
qu'il avait découvertes pouvaient conduire à des applications
utiles, et que les tenir cachées eût été pécher grandement
contre la loi qui nous oblige à procurer autant qu'il est en
nous le bien général de tous les hommes. On trouve ici de très
belles pages, où le génie prophétique de Descartes entrevoit
comment le développement des sciences nous permettra d'employer les forces de la nature à tous les usages auxquels elles
sont propres et nous rendra « comme maîtres et possesseurs
de la nature ». Il va même jusqu'à croire que les progrès de
la médecine pourront nous « exempter d'une infinité de maladies, tant du corps que de l'esprit, et même aussi peut-être
de l'affaiblissement de la vieillesse ».

En outre, pour atteindre le but qu'il vient d'indiquer, un
grand nombre d'expériences sont nécessaires ; mais ni la vie
de Descartes, ni son revenu, en eût-il mille fois plus qu'il n'en
a, n'y sauraient suffire. Il faut donc que d'autres achèvent ce
qu'il a commencé ou l'aident en la recherche de ce qu'il lui
reste à faire ; c'est pour y convier, ou même y obliger moralement tous ceux qui en sont capables, qu'il voulait faire connaître son traité.

Cependant il a changé d'avis. Non pas sans doute qu'il
renonçât à écrire les vérités qu'il avait découvertes, mais il
en ajournait la publication. Une première raison de ce revi-

rement, c'est qu'en évitant les oppositions et les controverses
auxquelles son livre donnerait sans doute lieu, il se réservait
plus de temps pour mener à bien l'œuvre qu'il avait commencée. Quant au profit qu'il pourrait tirer de ces objections,
l'expérience lui a appris qu'il se réduit à fort peu de chose,
ses contradicteurs ne lui ayant presque jamais signalé une
difficulté qu'il n'eût lui-même aperçue. De plus il s'est convaincu aussi qu'il est presque impossible de confier à d'autres
le soin d'achever ce qu'on a commencé. Les disciples inter-
prètent souvent mal la pensée du maître, ils la travestissent
ou la dénaturent, et, à ce propos, Descartes, encore une fois
prophète, prie la postérité « de ne croire jamais que les choses
qu'on lui dira viennent de lui lorsqu'il ne les aura point
lui-même divulguées ». Enfin les expériences que d'autres
pourraient faire sont si délicates et si compliquées qu'il est
bien difficile de se mettre d'accord et de travailler de concert
en vue du même but.

Cependant Descartes s'est décidé à publier, en même temps
que le *Discours de la méthode,* quelques essais particuliers,
la *Dioptrique* et les *Météores.* C'est que d'abord, plusieurs
personnes ayant connu son intention de publier ses découvertes, on pourrait s'imaginer que les causes pour lesquelles
il s'en abstient sont plus à son désavantage qu'elles ne le sont.
En outre, il voit tous les jours que le dessein qu'il a de s'instruire est retardé à cause d'une infinité d'expériences dont
il a besoin, et qu'il ne peut faire sans l'aide d'autrui. Il considère donc comme un devoir, le public dût-il rester indifférent à ses travaux, de ne pas négliger de faire entendre aux
autres en quoi ils peuvent lui venir en aide.

En terminant, Descartes explique que s'il écrit en français
plutôt qu'en latin, comme c'était alors l'usage pour les livres
de science, c'est parce qu' « il espère que ceux qui ne se servent que de leur raison naturelle toute pure jugeront mieux
de ses opinions que ceux qui ne croient qu'aux livres anciens;
et pour ceux qui joignent le bon sens à l'étude, lesquels seuls
il souhaite pour ses juges, ils ne seront point si partiaux pour
le latin qu'ils refusent d'entendre ses raisons, pour ce qu'il les
explique en langue vulgaire ».

ANALYSE DE LA PREMIÈRE MÉDITATION.

Des choses que l'on peut révoquer en doute.

Descartes, voulant établir quelque chose de ferme et de constant dans les sciences, est décidé à se défaire de toutes les opinions fausses que, dès ses premières années, il a reçues en sa créance, et à commencer tout de nouveau dès les fondements. Avant de se consacrer à une si grande entreprise, il a attendu qu'il eût atteint l'âge mûr : le moment de délibérer est passé, le moment d'agir est venu. Il faut détruire toutes ses anciennes opinions; mais pour cela il n'est pas nécessaire de montrer qu'elles sont toutes fausses : il suffit de faire voir qu'elles sont incertaines. Et il va de soi que sans les examiner chacune en particulier, ce qui serait infini, il peut se contenter de ruiner les principes sur lesquels elles reposent :

1º Tout ce qu'il a reçu jusqu'à présent pour le plus vrai et assuré, il l'a appris par les sens : or les sens nous trompent quelquefois. Il faut donc se défier de tout ce qu'ils nous font connaître.

2º Doutons, si nous voulons, des choses connues par les sens lorsqu'il s'agit d'objets fort peu sensibles ou fort éloignés. Mais n'y a-t-il pas des choses qu'il est impossible de révoquer en doute? N'est-il pas certain que je suis ici, assis auprès du feu, vêtu d'une robe de chambre, ayant ce papier entre les mains? Ne faudrait-il pas être fou pour nier que mon corps et mes mains soient à moi? — Cependant, à y regarder de près, je m'aperçois que j'ai eu souvent en rêve les mêmes idées que j'ai à présent. Combien de fois m'est-il arrivé de songer, la nuit, que j'étais en ce lieu; que j'étais habillé, que j'étais auprès du feu, quoique je fusse tout nu dedans mon lit? Et j'ai beau chercher : je ne vois aucun indice certain par où je puisse distinguer la veille du sommeil. Il faut donc douter sans exception de tout ce que les sens nous font connaître.

3º Il y a pourtant encore quelque chose qui semble résister au doute. Admettons que tout ce que les sens nous montrent soit un rêve; mais un rêve est une image, et l'image de quelque chose. Les éléments qui entrent dans la composition de ce rêve doivent être réels, exactement comme les traits dont les peintres forment leurs tableaux, fussent-ils les plus extravagants du monde, ne sont pas des fruits de leur imagination, mais sont empruntés au monde réel. Fût-il donc accordé que ces choses générales, un corps, des yeux, une tête, des mains, sont imaginaires, on ne pourra contester qu'il y en a d'autres plus simples et universelles, du mélange desquelles les premières sont formées, telles que l'étendue, la figure, la qualité ou grandeur, le nombre, etc.; en un mot, les propriétés mathématiques des choses, en supposant que la physique, l'astronomie, la médecine soient regardées comme douteuses, ne peuvent être soupçonnées de fausseté ou même d'incertitude.

Toutefois il y a encore quelque chose à dire contre des vérités qui semblent si claires. Ne peut-il se faire qu'il y ait un Dieu tout-puissant, qui, sans qu'il y ait réellement aucun ciel, aucune terre, aucun corps étendu, aucune figure, me donne néanmoins les sentiments de toutes ces choses? On se trompe parfois dans les choses qu'on croit savoir le mieux : de même je me trompe peut-être en faisant l'addition de deux et de trois.

Dira-t-on qu'il est contraire à la bonté de Dieu de vouloir que je sois ainsi perpétuellement trompé? Mais il n'est pas moins contraire à sa bonté de permettre que je me trompe quelquefois et il n'est que trop certain que je suis sujet à l'erreur.

Dira-t-on qu'il n'y a point de Dieu pour éviter de tout mettre en doute? Ne discutons pas ce point pour le moment. De quelque manière que je sois venu à l'être, que toutes choses viennent du hasard, ou de la fatalité, ou de l'éternelle liaison des choses, moins l'auteur de mon être sera parfait, plus il y aura de chances pour que je sois exposé à me tromper.

Il n'y a donc rien, en dernière analyse, dont je ne puisse douter, et cela, non par inconsidération ou légèreté, mais pour des raisons fort sérieuses.

Il reste maintenant, après avoir fait ces remarques, à s'en souvenir. C'est chose difficile, car le long et familier usage que les idées douteuses ont avec moi leur donne droit d'occuper mon esprit contre mon gré. Pour neutraliser cette puissance née de l'habitude, il faudra en quelque sorte forcer la note, et, me trompant moi-même pour rétablir l'équilibre, feindre qu'elles sont non seulement incertaines, mais même fausses et imaginaires.

Je supposerai donc, non pas que Dieu, qui est très bon

et qui est la souveraine source de vérité, mais qu'un certain mauvais génie, non moins rusé et trompeur que puissant, a employé toute son industrie à me tromper; je penserai que le ciel, l'air, la terre, les couleurs, les figures, ne sont qu'illusions et rêveries; je me considérerai moi-même comme n'ayant point de mains, point d'yeux, point de chair, point de sang; je suspendrai mon jugement et préparerai si bien mon esprit à toutes les ruses de ce grand trompeur que, pour puissant et rusé qu'il soit, il ne me pourra jamais rien imposer.

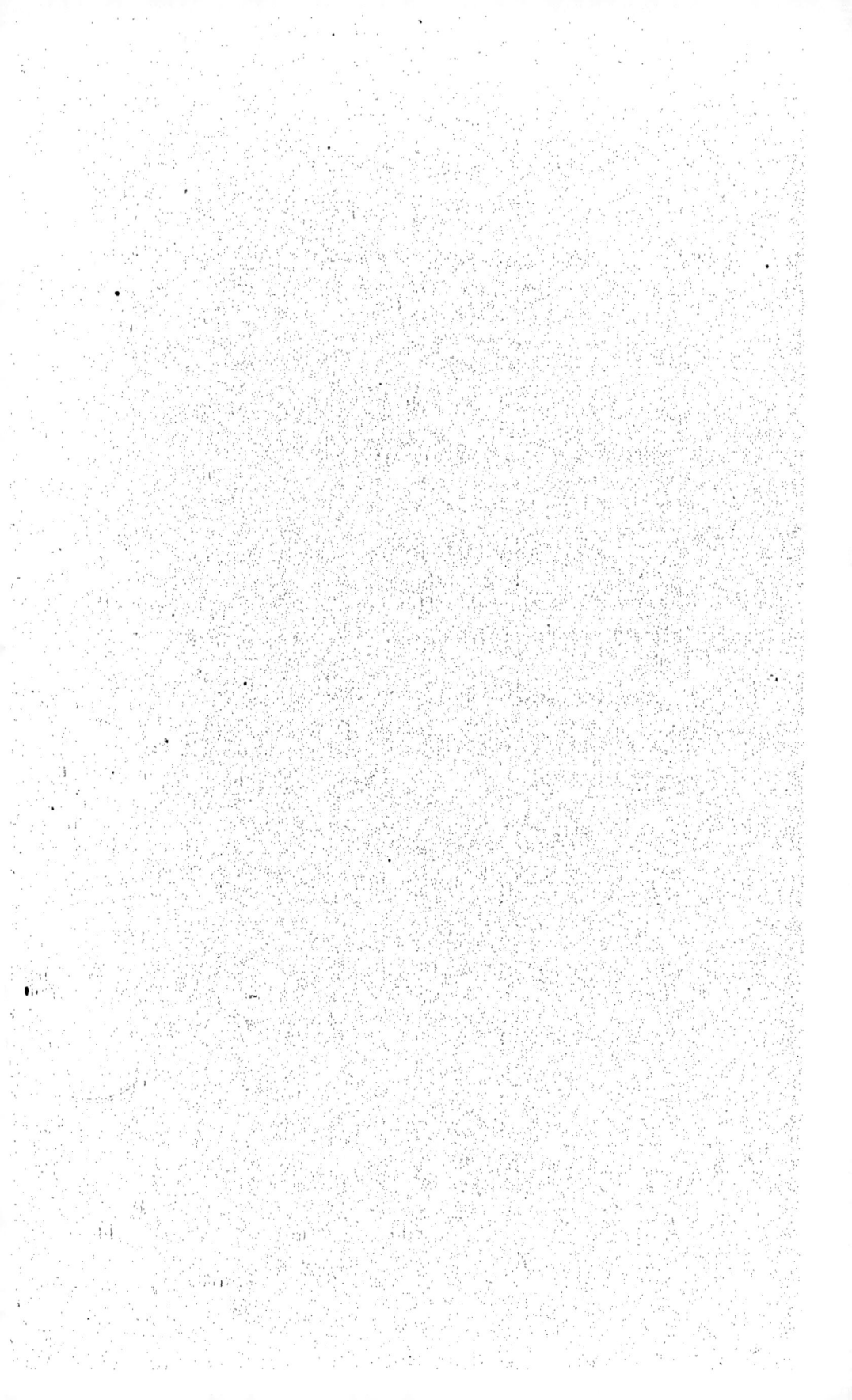

DISCOURS DE LA MÉTHODE

POUR BIEN CONDUIRE SA RAISON

ET CHERCHER

LA VÉRITÉ DANS LES SCIENCES[1]

Si ce discours semble trop long pour être lu en une fois, on le pourra distinguer en six parties. Et, en la première, on trouvera diverses considérations touchant les sciences; en la seconde, les principales règles de la méthode que l'auteur a cherchée; en la troisième, quelques-unes de celles de la morale qu'il a tirée de cette méthode; en la quatrième, les raisons par lesquelles il prouve l'existence de Dieu et de l'âme humaine, qui sont les fondements de sa métaphysique; en la cinquième, l'ordre des questions de physique qu'il a cherchées, et particulièrement l'explication du mouvement du cœur, et de quelques autres difficultés qui appartiennent à la médecine; puis aussi la différence qui est entre notre âme et celle des bêtes; et en la dernière, quelles choses il croit être requises pour aller plus avant en la recherche de la nature qu'il n'a été, et quelles raisons l'ont fait écrire.

1. Ce *Discours*, à l'inverse des *Méditations* qui furent d'abord publiées en latin, puis traduites en français, parut d'abord en français, et fut ensuite traduit en latin. C'est à Leyde, en 1637, qu'il fut imprimé pour la première fois, en même temps que la *Dioptrique*, les *Météores* et la *Géométrie*.

PREMIÈRE PARTIE.

Considérations touchant les sciences.

Le bon sens est la chose du monde la mieux partagée [1] ; car chacun pense en être si bien pourvu, que ceux mêmes qui sont les plus difficiles à contenter en toute autre chose n'ont point coutume d'en désirer plus qu'ils en ont [2]. En quoi il n'est pas vraisemblable que tous se trompent ; mais plutôt cela témoigne que la puissance de bien juger et distinguer le vrai d'avec le faux, qui est proprement ce qu'on nomme le bon sens ou la raison, est naturellement égale en tous les hommes ; et ainsi, que la diversité de nos opinions ne vient pas de ce que les uns sont plus raisonnables que les autres, mais seulement de ce que nous conduisons nos pensées par diverses voies, et ne considérons pas les mêmes choses. Car ce n'est pas assez d'avoir l'esprit bon, mais le principal est de l'appliquer bien. Les plus grandes âmes sont capables des plus grands vices aussi bien que des plus grandes vertus [3] ; et ceux qui ne marchent que fort lentement peuvent avancer beaucoup davantage, s'ils suivent toujours le droit chemin, que ne font ceux qui courent et qui s'en éloignent.

1. Assertion contestable à première vue. Nicole, quoique cartésien, dit tout le contraire, et avec de bonnes raisons, ce semble. « Il est étrange combien c'est une qualité rare que l'exactitude de jugement. On ne rencontre partout que des esprits faux, qui n'ont presque aucun discernement de la vérité. » (Logique de Port-Royal, Ier Discours.) Il est pourtant facile de concilier ces affirmations, en apparence contradictoires. Nicole parle des esprits développés, adultes, avec les habitudes et les mauvais plis qu'ils ont contractés : il ne conteste pas qu'originairement les esprits devenus faux, fussent justes. D'autre part, Descartes considère les esprits à l'origine, à l'état de nature, avant qu'ils ne soient déformés par un mauvais usage : il accorderait qu'en fait les hommes, bien qu'ils aient l'esprit bon, l'appliquent mal le plus souvent. Et il faut bien qu'en elle-même la raison soit identique chez tous les hommes, si la Méthode ou la Logique doivent être de quelque utilité.
2. « Tout le monde, a dit La Rochefoucauld, se plaint de sa mémoire ; personne ne se plaint de son jugement. » (Maximes, 89.)
3. « La faculté de savoir, dit Platon, étant d'une nature divine, ne perd jamais sa vertu ; elle devient seulement utile ou inutile, avantageuse ou nuisible, selon la direction qu'on lui donne. » (Rép. VII.)

Pour moi, je n'ai jamais présumé que mon esprit fût en rien plus parfait que ceux du commun ; même j'ai souvent souhaité d'avoir la pensée aussi prompte, ou l'imagination aussi nette et distincte, ou la mémoire aussi ample ou aussi présente, que quelques autres. Et je ne sache point de qualités que celles-ci qui servent à la perfection de l'esprit ; car pour la raison, ou le sens, d'autant qu'elle est la seule chose qui nous rend hommes et nous distingue des bêtes, je veux croire qu'elle est tout entière en un chacun, et suivre en ceci l'opinion commune des philosophes, qui disent qu'il n'y a du plus et du moins qu'entre les *accidents*[1], et non point entre les *formes* ou natures des *individus* d'une même *espèce*.

Mais je ne craindrai pas de dire que je pense avoir eu beaucoup d'heur[2] de m'être rencontré dès ma jeunesse en certains chemins qui m'ont conduit à des considérations et des maximes dont j'ai formé une méthode par laquelle il me semble que j'ai moyen d'augmenter par degrés ma connaissance, et de l'élever peu à peu au plus haut point auquel la médiocrité de mon esprit et la courte durée de ma vie lui pourront permettre d'atteindre. Car j'en ai déjà recueilli de tels fruits[3], qu'encore qu'aux jugements que je fais de moi-même je tâche toujours de pencher vers le côté de la défiance plutôt que vers celui de la présomption, et que, regardant d'un œil de philosophe les diverses actions et entreprises de tous les hommes, il n'y en ait quasi aucune qui ne me semble vaine et inutile, je ne laisse pas de recevoir une extrême satisfaction du progrès que je pense avoir déjà fait en la recherche de la vé-

1. On appelait, dans la philosophie péripatéticienne, *forme* ou *forme substantielle*, ce qui constitue l'essence d'un être, ce sans quoi il ne serait pas ; par exemple, il est de l'essence de l'homme d'être raisonnable. Au contraire, l'*accident* est une qualité qui n'appartient pas nécessairement à un être et peut lui être ôtée sans que sa nature soit changée : c'est par accident qu'un homme est noir ou blanc. Pour définir les *espèces*, on considère les qualités essentielles ou les formes : les *individus* diffèrent par les accidents. Il suit de là que la forme est la même chez tous les individus d'une même espèce.

2. Bonheur.

3. Descartes, au moment où il écrivait ce *Discours*, avait déjà fait de grandes découvertes en mathématiques.

rité, et de concevoir de telles espérances pour l'avenir[1],
que si, entre les occupations des hommes, purement hommes, il y en a quelqu'une qui soit solidement bonne et
importante, j'ose croire que c'est celle que j'ai choisie.

Toutefois il se peut faire que je me trompe, et ce n'est
peut-être qu'un peu de cuivre et de verre que je prends
pour de l'or et des diamants. Je sais combien nous sommes sujets à nous méprendre en ce qui nous touche, et
combien aussi les jugements de nos amis nous doivent être
suspects lorsqu'ils sont en notre faveur. Mais je serai bien
aise de faire voir en ce discours quels sont les chemins
que j'ai suivis, et d'y représenter ma vie comme en un tableau, afin que chacun en puisse juger; et qu'apprenant
du bruit commun les opinions qu'on en aura, ce soit un
nouveau moyen de m'instruire que j'ajouterai à ceux dont
j'ai coutume de me servir.

Ainsi mon dessein n'est pas d'enseigner ici la méthode
que chacun doit suivre pour bien conduire sa raison[2],
mais seulement de faire voir en quelle sorte j'ai tâché de
conduire la mienne[3]. Ceux qui se mêlent de donner des
préceptes se doivent estimer plus habiles que ceux auxquels ils les donnent; et s'ils manquent en la moindre
chose, ils en sont blâmables. Mais, ne proposant cet écrit
que comme une histoire, ou, si vous l'aimez mieux, que
comme une fable[4] en laquelle, parmi quelques exemples

1. On verra dans la sixième partie du présent *Discours* quelles
sont ces espérances. Descartes avait compris que la science devait
transformer le monde. Voilà pourquoi il en fait ici un éloge qui peut
paraître un peu exagéré, comme l'étaient ses espérances elles-
mêmes.

2. Descartes explique ailleurs dans une lettre qu'il a intitulé cet
ouvrage *Discours de la Méthode* et non *Traité de la Méthode*, pour
montrer qu'il n'a pas dessein de l'enseigner, mais seulement d'en parler, car elle consiste plus en pratique qu'en théorie.

3. Ce n'est pas seulement par modestie que Descartes tient ce langage. Il croyait véritablement que la science est à la portée de toutes
les intelligences, même les plus médiocres : il n'est pas besoin de
génie pour être savant. « Je ne mérite pas plus de gloire pour avoir fait
ces découvertes que n'en mériterait un paysan pour avoir trouvé par
hasard à ses pieds un trésor qui depuis longtemps aurait échappé à de
nombreuses recherches. » (*Recherche de la vérité par la lumière naturelle.*)

4. Dans le sens latin du mot *fabula*, récit.

qu'on peut imiter, on en trouvera peut-être aussi plusieurs autres qu'on aura raison de ne pas suivre, j'espère qu'il sera utile à quelques-uns sans être nuisible à personne, et que tous me sauront gré de ma franchise.

J'ai été nourri aux lettres dès mon enfance [1] ; et, pour ce qu'on me persuadait que par leur moyen on pouvait acquérir une connaissance claire et assurée de tout ce qui est utile à la vie, j'avais un extrême désir de les apprendre. Mais sitôt que j'eus achevé tout ce cours d'études au bout duquel on a coutume d'être reçu au rang des doctes, je changeai entièrement d'opinion ; car je me trouvais embarrassé de tant de doutes et d'erreurs, qu'il me semblait n'avoir fait autre profit, en tâchant de m'instruire, sinon que j'avais découvert de plus en plus mon ignorance. Et néanmoins j'étais en l'une des plus célèbres écoles de l'Europe, où je pensais qu'il devait y avoir de savants hommes, s'il y en avait en aucun endroit de la terre. J'y avais appris tout ce que les autres y apprenaient ; et même, ne m'étant pas contenté des sciences qu'on nous enseignait, j'avais parcouru tous les livres traitant de celles qu'on estime les plus curieuses et les plus rares, qui avaient pu tomber entre mes mains [2]. Avec cela je savais les jugements que les autres faisaient de moi, et je ne voyais point qu'on m'estimât inférieur à mes condisciples, bien qu'il y en eût déjà entre eux quelques-uns qu'on destinait à remplir les places de nos maîtres. Et enfin notre siècle me semblait aussi fleurissant et aussi fertile en bons esprits qu'ait été aucun des précédents ; ce qui me faisait prendre la liberté de juger par moi de tous les autres, et de penser qu'il n'y avait aucune doctrine dans le monde qui fût telle qu'on m'avait auparavant fait espérer.

Je ne laissais pas toutefois d'estimer les exercices auxquels on s'occupe dans les écoles. Je savais que les langues qu'on y apprend sont nécessaires pour l'intelligence des livres anciens ; que la gentillesse des fables réveille l'esprit ; que les actions mémorables des histoires le relè-

---

1. C'est au collège de la Flèche, dirigé alors par les jésuites, que Descartes avait fait ses études.
2. Descartes, comme on le verra plus bas, avait été jusqu'à étudier les sciences occultes, telles que l'astrologie et la magie.

vont, et qu'étant lues avec discrétion, elles aident à former le jugement; que la lecture de tous les bons livres
est comme une conversation avec les plus honnêtes gens
des siècles passés qui en ont été les auteurs, et même
une conversation étudiée, en laquelle ils ne nous découvrent que les meilleures de leurs pensées; que l'éloquence
a des forces et des beautés incomparables; que la poésie
a des délicatesses et des douceurs très ravissantes; que
les mathématiques ont des inventions très subtiles, et
qui peuvent beaucoup servir tant à contenter les curieux
qu'à faciliter tous les arts et diminuer le travail des hommes [1]; que les écrits qui traitent des mœurs contiennent
plusieurs enseignements, et plusieurs exhortations à la
vertu qui sont fort utiles; que la théologie enseigne à gagner le ciel; que la philosophie donne moyen de parler
vraisemblablement de toutes choses, et se faire admirer
des moins savants; que la jurisprudence, la médecine et
les autres sciences apportent des honneurs et des richesses à ceux qui les cultivent; et enfin qu'il est bon
de les avoir toutes examinées, même les plus superstitieuses et les plus fausses, afin de connaître leur juste
valeur et se garder d'en être trompé.

Mais je croyais avoir déjà donné assez de temps aux
langues, et même aussi à la lecture des livres anciens, et
à leurs histoires, et à leurs fables; car c'est quasi le même
de converser avec ceux des autres siècles, que de voyager.
Il est bon de savoir quelque chose des mœurs de divers
peuples, afin de juger des nôtres plus sainement, et que
nous ne pensions pas que tout ce qui est contre nos modes
soit ridicule et contre raison, ainsi qu'ont coutume de faire
ceux qui n'ont rien vu. Mais, lorsqu'on emploie trop de
temps à voyager, on devient enfin étranger en son pays;
et lorsqu'on est trop curieux des choses qui se prati-

1. Il s'agit de ces progrès des sciences qui nous mettront en état,
comme le dit Descartes dans la sixième partie, d'employer tous les
corps aux usages auxquels ils sont propres, et de « nous rendre comme
maîtres et possesseurs de la nature ».
2. Il faut bien entendre que cet éloge ironique s'adresse à la philosophie telle qu'on l'enseignait au temps de Descartes, la philosophie
scolastique qu'il se propose précisément de renverser et de remplacer.

quaient aux siècles passés, on demeure ordinairement fort ignorant de celles qui se pratiquent en celui-ci. Outre que les fables font imaginer plusieurs événements comme possibles qui ne le sont point, et que même les histoires les plus fidèles, si elles ne changent ni n'augmentent la valeur des choses pour les rendre plus dignes d'être lues, au moins en omettent-elles presque toujours les plus basses et moins illustres circonstances; d'où vient que le reste ne paraît pas tel qu'il est, et que ceux qui règlent leurs mœurs par les exemples qu'ils en tirent sont sujets à tomber dans les extravagances des paladins de nos romans, et à concevoir des desseins qui passent leurs forces.

J'estimais fort l'éloquence, et j'étais amoureux de la poésie; mais je pensais que l'une et l'autre étaient des dons de l'esprit, plutôt que des fruits de l'étude. Ceux qui ont le raisonnement le plus fort, et qui digèrent le mieux leurs pensées, afin de les rendre claires et intelligibles, peuvent toujours le mieux persuader ce qu'ils proposent, encore qu'ils ne parlassent que bas-breton et qu'ils n'eussent jamais appris de rhétorique; et ceux qui ont les inventions les plus agréables, et qui les savent exprimer avec le plus d'ornement et de douceur, ne lairraient pas d'être les meilleurs poètes, encore que l'art poétique leur fût inconnu.

Je me plaisais surtout aux mathématiques, à cause de la certitude et de l'évidence de leurs raisons; mais je ne remarquais point encore leur vrai usage; et, pensant qu'elles ne servaient qu'aux arts mécaniques, je m'étonnais de ce que leurs fondements étant si fermes et si solides, on n'avait rien bâti dessus de plus relevé [1]; comme, au contraire, je comparais les écrits des anciens païens qui traitent des mœurs, à des palais fort superbes et fort magnifiques, qui n'étaient bâtis que sur du sable et sur de la boue. Ils élèvent fort haut les vertus, et les font paraître estimables par-dessus toutes les choses qui sont au monde;

---

1. C'est une des vues capitales de Descartes, confirmée tous les jours par les progrès de la science moderne, d'avoir ramené la physique elle-même aux mathématiques.

mais ils n'enseignent pas assez à les connaître, et souvent ce qu'ils appellent d'un si beau nom n'est qu'une insensibilité, ou un orgueil, ou un désespoir, ou un parricide[1].

Je révérais notre théologie, et prétendais autant qu'aucun autre à gagner le ciel; mais ayant appris, comme chose très assurée, que le chemin n'en est pas moins ouvert aux plus ignorants qu'aux plus doctes, et que les vérités révélées qui y conduisent sont au-dessus de notre intelligence, je n'eusse osé les soumettre à la faiblesse de mes raisonnements; et je pensais que, pour entreprendre de les examiner et y réussir, il était besoin d'avoir quelque extraordinaire assistance du ciel, et d'être plus qu'homme.

Je ne dirai rien de la philosophie, sinon que, voyant qu'elle a été cultivée par les plus excellents esprits qui aient vécu depuis plusieurs siècles, et que néanmoins il ne s'y trouve encore aucune chose dont on ne dispute, et par conséquent qui ne soit douteuse, je n'avais point assez de présomption pour espérer d'y rencontrer mieux que les autres; et que, considérant combien il peut y avoir de diverses opinions touchant une même matière, qui soient soutenues par des gens doctes, sans qu'il y en puisse avoir jamais plus d'une seule qui soit vraie, je réputais presque pour faux tout ce qui n'était que vraisemblable.

Puis, pour les autres sciences, d'autant qu'elles empruntent leurs principes de la philosophie, je jugeais qu'on ne pouvait avoir rien bâti qui fût solide sur des fondements si peu fermes, et ni l'honneur ni le gain qu'elles promettent n'étaient suffisants pour me convier à les apprendre; car je ne me sentais point, grâce à Dieu, de condition qui m'obligeât à faire un métier de la science pour le soulagement de ma fortune; et, quoique je ne fisse pas profession de mépriser la gloire en cynique, je faisais néanmoins fort peu d'état de celle que je n'espérais point pouvoir acquérir qu'à faux titres. Et enfin, pour les mauvaises doctrines, je

1. Allusion aux stoïciens, ceux des philosophes anciens que Descartes paraît avoir le mieux connus, et auxquels peut-être il a fait plus d'un emprunt. En parlant de *désespoir*, il pense, sans doute, à Caton d'Utique, et le *parricide* dont il est question est celui de Brutus assassinant César.

pensais déjà connaître assez ce qu'elles valaient, pour n'être plus sujet à être trompé ni par les promesses d'un alchimiste, ni par les prédictions d'un astrologue, ni par les impostures d'un magicien, ni par les artifices ou la vanterie d'aucun de ceux qui font profession de savoir plus qu'ils ne savent.

C'est pourquoi, sitôt que l'âge me permit de sortir de la sujétion de mes précepteurs, je quittai entièrement l'étude des lettres ; et, me résolvant de ne chercher plus d'autre science que celle qui se pourrait trouver en moi-même ou bien dans le grand livre du monde, j'employai le reste de ma jeunesse à voyager, à voir des cours et des armées[1], à fréquenter gens de diverses humeurs et conditions, à recueillir diverses expériences, à m'éprouver moi-même dans les rencontres que la fortune me proposait, et partout à faire telle réflexion sur les choses qui se présentaient, que j'en pusse tirer quelque profit. Car il me semblait que je pourrais rencontrer beaucoup plus de vérité dans les raisonnements que chacun fait touchant les affaires qui lui importent, et dont l'événement le doit punir bientôt après s'il a mal jugé, que dans ceux que fait un homme de lettres dans son cabinet touchant des spéculations qui ne produisent aucun effet,. et qui ne lui sont d'autre conséquence sinon que peut-être il en tirera d'autant plus de vanité qu'elles seront plus éloignées du sens commun, à cause qu'il aura dû employer d'autant plus d'esprit et d'artifice à tâcher de les rendre vraisemblables[2]. Et j'avais toujours un extrême désir d'apprendre à distinguer le vrai d'avec le faux, pour voir clair en mes actions et marcher avec assurance en cette vie.

Il est vrai que pendant que je ne faisais que considérer les mœurs des autres hommes, je n'y trouvais guère de

---

1. Descartes, après sa sortie du collège, en 1612, séjourna quatre ans à Paris. Il voyagea ensuite en Hollande et en Allemagne : en 1619, il se mit au service du duc de Bavière et guerroya en Allemagne. Enfin, en 1629, il se retira en Hollande, et c'est là, loin des distractions et à l'abri des persécutions, qu'il entreprit ses grands travaux.

2. Il n'est pas inutile de remarquer le dédain de Descartes pour les spéculations purement abstraites, et son goût pour la pratique. Les mathématiques elles-mêmes, on vient de le voir, n'ont à ses yeux une si grande valeur que parce qu'elles doivent conduire à des applications utiles.

quoi m'assurer, et que j'y remarquais quasi autant de diversité que j'avais fait auparavant entre les opinions des philosophes. En sorte que le plus grand profit que j'en retirais
était que, voyant plusieurs choses qui, bien qu'elles nous
semblent fort extravagantes et ridicules, ne laissent pas
d'être communément reçues et approuvés par d'autres
grands peuples, j'apprenais à ne rien croire trop fermement de ce qui ne m'avait été persuadé que par l'exemple
et par la coutume; et ainsi je me délivrais peu à peu de
beaucoup d'erreurs qui peuvent offusquer notre lumière
naturelle et nous rendre moins capables d'entendre raison. Mais, après que j'eus employé quelques années à étudier ainsi dans le livre du monde, et à tâcher d'acquérir
quelque expérience, je pris un jour résolution d'étudier
aussi en moi-même, et d'employer toutes les forces de
mon esprit à choisir les chemins que je devais suivre; ce
qui me réussit beaucoup mieux, ce me semble, que si je ne
me fusse jamais éloigné ni de mon pays ni de mes livres.

DEUXIÈME PARTIE.

Principales règles de la méthode.

J'étais alors en Allemagne, où l'occasion des guerres qui
n'y sont pas encore finies m'avait appelé[1]; et comme je
retournais du couronnement de l'empereur[2] vers l'armée,
le commencement de l'hiver m'arrêta en un quartier où,
ne trouvant aucune conversation qui me divertît, et n'ayant
d'ailleurs, par bonheur, aucuns soins ni passions qui me
troublassent, je demeurais tout le jour enfermé seul dans un
poêle[3], où j'avais tout loisir de m'entretenir de mes pensées.
Entre lesquelles l'une des premières fut que je m'avisai de
considérer que souvent il n'y a pas tant de perfection dans
les ouvrages composés de plusieurs pièces, et faits de la

1. La guerre de Trente Ans.
2. Le couronnement de l'empereur Ferdinand II à Francfort
(1619).
3. Une chambre où se trouvait un poêle.

main de divers maîtres, qu'en ceux auxquels un seul a travaillé. Ainsi voit-on que les bâtiments qu'un seul architecte a entrepris et achevés, ont coutume d'être plus beaux et mieux ordonnés que ceux que plusieurs ont tâché de raccommoder, en faisant servir de vieilles murailles qui avaient été bâties à d'autres fins. Ainsi ces anciennes cités qui, n'ayant été au commencement que des bourgades, sont devenues par succession de temps de grandes villes, sont ordinairement si mal compassées, au prix de ces places régulières qu'un ingénieur trace à sa fantaisie dans une plaine, qu'encore que, considérant leurs édifices chacun à part, on y trouve souvent autant ou plus d'art qu'en ceux des autres, toutefois, à voir comme ils sont arrangés, ici un grand, là un petit, et comme ils rendent les rues courbées et inégales, on dirait que c'est plutôt la fortune que la volonté de quelques hommes usant de raison qui les a ainsi disposés. Et si on considère qu'il y a eu néanmoins de tout temps quelques officiers qui ont eu charge de prendre garde aux bâtiments des particuliers pour les faire servir à l'ornement du public, on connaîtra bien qu'il est malaisé, en ne travaillant que sur les ouvrages d'autrui, de faire des choses fort accomplies. Ainsi je m'imaginai que les peuples qui, ayant été autrefois demi-sauvages, et ne s'étant civilisés que peu à peu, n'ont fait leurs lois qu'à mesure que l'incommodité des crimes et des querelles les y a contraints, ne sauraient être si bien policés que ceux qui, dès le commencement qu'ils se sont assemblés, ont observé les constitutions de quelque prudent législateur [1]. Comme il est bien certain que l'état de la vraie religion,

---

1. Il y aurait bien des réserves à faire sur cette théorie de Descartes. L'histoire et l'expérience nous ont bien prouvé que les meilleures constitutions ne sont pas celles qui sortent toutes formées de la tête d'un législateur, fût-il Sieyès, ou des délibérations d'une assemblée, mais bien celles qui, comme la constitution anglaise, se forment peu à peu, sous l'influence et la pression des circonstances. La méthode que Descartes préconise ici, celle qui consiste à construire d'avance, *a priori*, ce qui doit être, n'est utile que dans les mathématiques. Ce fut la grande erreur des grands philosophes du XVIIe siècle d'avoir voulu l'appliquer partout. Ce fut le malheur du XVIIIe siècle de l'avoir transportée dans la politique, comme le recommande ici Descartes. On sait que les philosophes comme Rousseau fournissaient à la Pologne, à la Corse, des constitutions sur commande : bien des tentatives du même genre ne furent pas plus heureuses.

dont Dieu seul a fait les ordonnances, doit être incomparablement mieux réglé que tous les autres. Et, pour parler
des choses humaines, je crois que si Sparte a été autrefois
très florissante, ce n'a pas été à cause de la bonté de chacune de ses lois en particulier, vu que plusieurs étaient
fort étranges et même contraires aux bonnes mœurs, mais
à cause que, n'ayant été inventées que par un seul, elles
tendaient toutes à même fin. Et ainsi je pensai que les
sciences des livres, au moins celles dont les raisons ne
sont que probables, et qui n'ont aucunes démonstrations,
s'étant composées et grossies peu à peu des opinions de
plusieurs diverses personnes, ne sont point si approchan-
tes de la vérité que les simples raisonnements que peut
faire naturellement un homme de bon sens touchant les
choses qui se présentent. Et ainsi encore je pensai que
pour ce que nous avons tous été enfants avant que d'être
hommes, et qu'il nous a fallu longtemps être gouvernés
par nos appétits et nos précepteurs, qui étaient souvent
contraires les uns aux autres, et qui, ni les uns ni les
autres, ne nous conseillaient peut-être pas toujours le meilleur, il est presque impossible que nos jugements soient si
purs ni si solides qu'ils auraient été, si nous avions eu l'u-
sage entier de notre raison dès le point de notre naissance,
et que nous n'eussions jamais été conduits que par elle.

Il est vrai que nous ne voyons point qu'on jette par
terre toutes les maisons d'une ville pour le seul dessein de
les refaire d'autre façon, et d'en rendre les rues plus belles;
mais on voit bien que plusieurs font abattre les leurs pour
les rebâtir, et que même quelquefois ils y sont contraints,
quand elles sont en danger de tomber d'elles-mêmes, et
que les fondements n'en sont pas bien fermes. A l'exemple
de quoi je me persuadai qu'il n'y aurait véritablement
point d'apparence qu'un particulier fît dessein de réformer
un Etat en y changeant tout dès les fondements, et en le
renversant pour le redresser; ni même aussi de réformer
le corps des sciences ou l'ordre établi dans les écoles pour
les enseigner; mais que, pour toutes les opinions que
j'avais reçues jusques alors en ma créance, je ne pouvais
mieux faire que d'entreprendre une bonne fois de les en ôter,
afin d'y en remettre par après ou d'autres meilleures, ou

bien les mêmes, lorsque je les aurais ajustées au niveau
de la raison. Et je crus fermement que par ce moyen je
réussirais à conduire ma vie beaucoup mieux que si je ne
bâtissais que sur de vieux fondements, et que je ne m'ap-
puyasse que sur les principes que je m'étais laissé persuader en ma jeunesse, sans avoir jamais examiné s'ils
étaient vrais. Car, bien que je remarquasse en ceci diverses difficultés, elles n'étaient point toutefois sans remède,
ni comparables à celles qui se trouvent en la réformation
des moindres choses qui touchent le public. Ces grands
corps sont trop malaisée à relever étant abattus, ou même
à retenir étant ébranlés, et leurs chutes ne peuvent être
que très rudes [1]. Puis, pour leurs imperfections, s'ils en
ont, comme la seule diversité qui est entre eux suffit pour
assurer que plusieurs en ont, l'usage les a sans doute fort
adoucies, et même il en a évité ou corrigé insensiblement
quantité auxquelles on ne pourrait si bien pourvoir par
prudence; et enfin elles sont quasi toujours plus supportables que ne serait leur changement, en même façon
que les grands chemins qui tournoient entre des montagnes deviennent peu à peu si unis et si commodes,
à force d'être fréquentés, qu'il est beaucoup meilleur de
les suivre que d'entreprendre d'aller plus droit, en grim-
pant au-dessus des rochers et descendant jusques au bas
des précipices.

C'est pourquoi je ne saurais aucunement approuver ces
humeurs brouillonnes et inquiètes qui, n'étant appelées
ni par leur naissance ni par leur fortune au maniement
des affaires publiques, ne laissent pas d'y faire toujours
en idée quelque nouvelle réformation ; et si je pensais qu'il
y eût la moindre chose en cet écrit par laquelle on me pût
soupçonner de cette folie, je serais très marri de souffrir
qu'il fût publié. Jamais mon dessein ne s'est étendu plus
avant que de tâcher à réformer mes propres pensées,

---

1. On remarquera dans tout ce passage l'insistance avec laquelle
Descartes se défend de vouloir appliquer sa méthode au gouvernement
des États et d'y faire aucune révolution. Il sentait bien que l'esprit
d'examen, une fois qu'il a pris conscience de lui-même, ne s'arrête pas :
la même activité qui lui faisait chercher le vrai dans l'ordre spéculatif
devait le porter à chercher le mieux dans l'ordre social, et, après avoir
réformé la science, on devait en venir à réformer l'État.

et de bâtir dans un fonds qui est tout à moi. Que si mon
ouvrage m'ayant assez plu, je vous en fais voir ici le
modèle, ce n'est pas, pour cela, que je veuille conseiller à
personne de l'imiter. Ceux que Dieu a mieux partagés de
ses grâces auront peut-être des desseins plus relevés;
mais je crains bien que celui-ci ne soit déjà que trop
hardi pour plusieurs. La seule résolution de se défaire de
toutes les opinions qu'on a reçues auparavant en sa créance
n'est pas un exemple que chacun doive suivre. Et le monde
n'est quasi composé que de deux sortes d'esprits auxquels
il ne convient aucunement, à savoir : de ceux qui, se
croyant plus habiles qu'ils ne sont, ne se peuvent empêcher de précipiter leurs jugements, ni avoir assez de
patience pour conduire par ordre toutes leurs pensées;
d'où vient que, s'ils avaient une fois pris la liberté de
douter des principes qu'ils ont reçus, et de s'écarter du
chemin commun, jamais ils ne pourraient tenir le sentier
qu'il faut prendre pour aller plus droit, et demeureraient
égarés toute leur vie; puis de ceux qui, ayant assez de raison ou de modestie pour juger qu'ils sont moins capables
de distinguer le vrai d'avec le faux que quelques autres
par lesquels ils peuvent être instruits, doivent bien plutôt
se contenter de suivre les opinions de ces autres, qu'en
chercher eux-mêmes de meilleures.

Et pour moi j'aurais été sans doute du nombre de ces
derniers, si je n'avais jamais eu qu'un seul maître, ou que
je n'eusse point su les différences qui ont été de tout temps
entre les opinions des plus doctes. Mais ayant appris dès
le collège qu'on ne saurait rien imaginer de si étrange et
si peu croyable qu'il n'ait été dit par quelqu'un des philosophes, et depuis, en voyageant, ayant reconnu que tous
ceux qui ont des sentiments fort contraires aux nôtres ne
sont pas pour cela barbares ni sauvages, mais que plusieurs usent autant ou plus que nous de raison, et ayant
considéré combien un même homme, avec son même
esprit, étant nourri dès son enfance entre des Français ou
des Allemands, devient différent de ce qu'il serait s'il avait
toujours vécu entre des Chinois ou des cannibales, et comment jusques aux modes de nos habits, la même chose
qui nous a plu il y a dix ans, et qui nous plaira peut-être

encore avant dix ans, nous semble maintenant extravagante et ridicule ; en sorte que c'est bien plus la coutume
et l'exemple qui nous persuade, qu'aucune connaissance
certaine ; et que néanmoins la pluralité des voix n'est pas
une preuve qui vaille rien pour les vérités un peu malaisées à découvrir, à cause qu'il est bien plus vraisemblable
qu'un homme seul les ait rencontrées que tout un peuple[1] ;
je ne pouvais choisir personne dont les opinions me sem-
blassent devoir être préférées à celles des autres, et je me
trouvai comme contraint d'entreprendre moi-même de me
conduire.

Mais, comme un homme qui marche seul et dans les
ténèbres, je me résolus d'aller si lentement et d'user de tant
de circonspection en toutes choses, que si je n'avançais que
fort peu, je me garderais bien au moins de tomber. Même
je ne voulus point commencer à rejeter tout à fait aucune
des opinions qui s'étaient pu glisser autrefois en ma créance
sans y avoir été introduites par la raison, que je n'eusse
auparavant employé assez de temps à faire le projet de
l'ouvrage que j'entreprenais, et à chercher la vraie méthode
pour parvenir à la connaissance de toutes les choses dont
mon esprit serait capable.

J'avais un peu étudié, étant plus jeune, entre les parties de la philosophie à la logique, et entre les mathématiques, à l'analyse des géomètres et à l'algèbre, trois arts
ou sciences qui semblaient devoir contribuer quelque chose
à mon dessein. Mais, en les examinant, je pris garde que,
pour la logique, ses syllogismes et la plupart de ses autres
instructions servent plutôt à expliquer à autrui les choses
qu'on sait[2], ou même, comme l'art de de Lulle[3], parler

---

1. Descartes fait bonne justice de cette théorie qui trouve le signe
distinctif de la vérité dans le consentement universel ou dans le sens
commun. On sait combien ce qu'on appelle « le sens commun » varie
d'un peuple à l'autre et d'un temps à un autre. C'est la raison seule, et
non pas la coutume et l'exemple, qu'il faut prendre pour arbitre. Il est
vrai que la coutume et l'exemple prétendent souvent être la raison, et
que la distinction n'est pas toujours facile.

2. La logique, telle que l'a constituée Aristote, permet seulement
de montrer qu'une vérité est contenue dans une autre, et non de trouver ces vérités. En raisonnant, on se borne à tirer d'une idée ce qu'on
y a mis, implicitement ou non ; on n'acquiert pas d'idées nouvelles.

3. Raymond Lulle, né dans les îles Baléares, en 1234, avait composé

sans jugement de celles qu'on ignore, qu'à les apprendre.
Et bien qu'elle contienne en effet beaucoup de préceptes
très vrais et très bons, il y en a toutefois tant d'autres
mêlés parmi, qui sont ou nuisibles ou superflus, qu'il est
presque aussi malaisé de les en séparer, que de tirer une
Diane ou une Minerve hors d'un bloc de marbre qui n'est
point encore ébauché. Puis, pour l'analyse des anciens et
l'algèbre des modernes[1], outre qu'elles ne s'étendent qu'à
des matières fort abstraites et qui ne semblent d'aucun
usage, la première est toujours si astreinte à la considération des figures, qu'elle ne peut exercer l'entendement
sans fatiguer beaucoup l'imagination; et on s'est tellement
assujetti en la dernière à certaines règles et à certains
chiffres, qu'on en a fait un art confus et obscur qui embarrasse l'esprit, au lieu d'une science qui le cultive. Ce qui
fut cause que je pensai qu'il fallait chercher quelque autre
méthode qui, comprenant les avantages de ces trois, fût
exempte de leurs défauts. Et comme la multitude des lois
fournit souvent des excuses aux vices, en sorte qu'un État
est bien mieux réglé lorsque, n'en ayant que fort peu, elles
y sont fort étroitement observées; ainsi, au lieu de ce grand
nombre de préceptes dont la logique est composée, je crus
que j'aurais assez des quatre suivants, pourvu que je
prisse une ferme et constante résolution de ne manquer
pas une seule fois à les observer.

un *Ars magna*, qui donnait le moyen de résoudre toutes les difficultés
par une sorte de mécanique intellectuelle. C'était, en remplaçant les
chiffres par des idées ou des mots, quelque chose d'analogue aux machines à calculer qu'on voit fonctionner de nos jours. C'est le triomphe
de la scolastique; on cesse de penser et on se borne à jouer avec des
mots.

1. L'analyse est un procédé qui consiste, étant donnée une proposition, à la ramener à une autre proposition plus simple et déjà connue,
si bien que de cette dernière on puisse revenir par un raisonnement
rigoureux à la première. C'est la méthode qu'on applique en mathématiques quand on suppose un problème résolu : il s'agit de savoir
quelles conséquences entraîne la proposition qu'on examine, en ad-
mettant qu'elle soit vraie; si ces conséquences sont vraies, la proposition l'est aussi, pourvu toutefois qu'elle s'y rattache par un lien nécessaire et non par un rapport accidentel. De même en algèbre, pour
résoudre une équation, on la transforme en une autre plus simple et
on continue, jusqu'à ce qu'on arrive à une équation qu'on sache résoudre. (Voyez Duhamel, *Méthode dans les sciences de raisonnement*,
1re partie.)

Le premier était de ne recevoir jamais aucune chose pour vraie, que je ne la connusse évidemment être telle ; c'est-à-dire d'éviter soigneusement la précipitation et la prévention, et de ne comprendre rien de plus en mes jugements que ce qui se présenterait si clairement et si distinctement à mon esprit, que je n'eusse aucune occasion de le mettre en doute [1] ;

Le second, de diviser chacune des difficultés que j'examinerais en autant de parcelles qu'il se pourrait, et qu'il serait requis pour les mieux résoudre ;

Le troisième, de conduire par ordre mes pensées, en commençant par les objets les plus simples et les plus aisés à connaître, pour monter peu à peu comme par degrés jusques à la connaissance des plus composés, et supposant même de l'ordre entre ceux qui ne se précèdent point naturellement les uns les autres ;

Et le dernier, de faire partout des dénombrements si entiers et des revues si générales, que je fusse assuré de ne rien omettre.

Ces longues chaînes de raisons toutes simples et faciles, dont les géomètres ont coutume de se servir pour parvenir à leurs plus difficiles démonstrations, m'avaient donné occasion de m'imaginer que toutes les choses qui peuvent tomber sous la connaissance des hommes s'entre-suivent en même façon, et que, pourvu seulement qu'on s'abstienne d'en recevoir aucune pour vraie qui ne le soit, et qu'on garde toujours l'ordre qu'il faut pour les déduire les unes des autres, il n'y en peut avoir de si éloignées auxquelles enfin on ne parvienne, ni de si cachées qu'on ne découvre [2]. Et je ne fus pas beaucoup en peine de chercher par lesquelles il était besoin de commencer, car je savais déjà que c'était par les plus simples et les plus aisées à connaître : et considérant qu'entre tous ceux qui ont ci-devant recherché la vérité dans les sciences, il n'y a eu que les seuls mathématiciens qui ont pu trouver quelques démon-

---

1. Pour l'explication de ces règles, voy. *Éclaircissements*, p. 93.
2. On verra dans la V⁰ partie comment Descartes, appliquant la méthode qu'il indique ici, est parvenu, à l'exemple des mathématiciens, à expliquer tous les phénomènes de l'univers au moyen d'un petit nombre de propositions, posées au début comme axiomes.

strations, c'est-à-dire quelques raisons certaines et évidentes, je ne doutais point que ce ne fût par les mêmes qu'ils ont examinées, bien que je n'en espérasse aucune autre utilité, sinon qu'elles accoutumeraient mon esprit à se repaître de vérités, et ne se contenter point de fausses raisons. Mais je n'eus pas dessein pour cela de tâcher d'apprendre toutes ces sciences particulières qu'on nomme communément mathématiques; et voyant qu'encore que leurs objets soient différents, elles ne laissent pas de s'accorder toutes, en ce qu'elles n'y considèrent autre chose que les divers rapports ou proportions qui s'y trouvent, je pensai qu'il valait mieux que j'examinasse seulement ces proportions en général, et sans les supposer que dans les sujets qui serviraient à m'en rendre la connaissance plus aisée, même aussi sans les y astreindre aucunement, afin de les pouvoir d'autant mieux appliquer après à tous les autres auxquels elles conviendraient[1]. Puis, ayant pris garde que pour les connaître j'aurais quelquefois besoin de les considérer chacune en particulier, et quelquefois seulement de les retenir, ou de les comprendre plusieurs ensemble, je pensai que, pour les considérer mieux en particulier, je les devais supposer en des lignes, à cause que je ne trouvais rien de plus simple, ni que je pusse plus distinctement représenter à mon imagination et à mes sens; mais que, pour les retenir ou les comprendre plusieurs ensemble, il fallait que je les expliquasse par quelques chiffres les plus courts qu'il serait possible; et que, par ce moyen, j'emprunterais tout le meilleur de l'analyse géométrique et de l'algèbre, et corrigerais tous les défauts de l'une par l'autre[2].

Comme en effet j'ose dire que l'exacte observation de ce peu de préceptes que j'avais choisis me donna telle facilité à démêler toutes les questions auxquelles ces deux sciences s'étendent, qu'en deux ou trois mois que j'em-

1. Cette étude des proportions, en général et abstraction faite des sujets particuliers, est l'objet de ce que Descartes appelle ailleurs la *mathématique universelle;* et les règles de cette science, il se propose de les transporter dans toutes les autres sciences, notamment en philosophie.
2. Allusion à la *Géométrie analytique,* que Descartes venait d'inventer.

ployai à les examiner, ayant commencé par les plus simples et plus générales, et chaque vérité que je trouvais
étant une règle qui me servait après à en trouver d'autres,
non seulement je vins à bout de plusieurs que j'avais jugées autrefois très difficiles, mais il me sembla aussi vers la
fin que je pouvais déterminer, en celles même que j'ignorais, par quels moyens et jusques où il était possible de
les résoudre. En quoi je ne vous paraîtrai peut-être pas
être fort vain, si vous considérez que, n'y ayant qu'une
vérité de chaque chose, quiconque la trouve en sait autant
qu'on en peut savoir; et que, par exemple, un enfant
instruit en l'arithmétique, ayant fait une addition suivant
ses règles, se peut assurer d'avoir trouvé, touchant la
somme qu'il examinait, tout ce que l'esprit humain saurait
trouver; car enfin la méthode qui enseigne à suivre le vrai
ordre, et à dénombrer exactement toutes les circonstances
de ce qu'on cherche, contient tout ce qui donne de la certitude aux règles d'arithmétique.

Mais ce qui me contentait le plus de cette méthode était
que par elle j'étais assuré d'user en tout de ma raison,
sinon parfaitement, au moins le mieux qui fût en mon
pouvoir; outre que je sentais, en la pratiquant, que mon
esprit s'accoutumait peu à peu à concevoir plus nettement
et plus distinctement ses objets; et que, ne l'ayant point
assujettie à aucune matière particulière, je me promettais
de l'appliquer aussi utilement aux difficultés des autres
sciences que j'avais fait à celles de l'algèbre. Non que pour
cela j'osasse entreprendre d'abord d'examiner toutes celles
qui se présenteraient, car cela même eût été contraire à
l'ordre qu'elle prescrit; mais, ayant pris garde que leurs
principes devaient tous être empruntés de la philosophie[1],
en laquelle je n'en trouvais point encore de certains, je
pensai qu'il fallait avant tout que je tâchasse d'y en établir, et que, cela étant la chose du monde la plus importante et où la précipitation et la prévention étaient le plus
à craindre, je ne devais point entreprendre d'en venir à

---

1. On verra dans la IVe partie comment, suivant Descartes, l'existence des choses extérieures peut être démontrée. Cette démonstration
suppose la connaissance de l'âme et de Dieu : par conséquent, la physique ne peut commencer que quand la métaphysique est achevée.

bout que je n'eusse atteint un âge bien plus mûr que celui
de vingt-trois ans que j'avais alors, et que je n'eusse auparavant employé beaucoup de temps à m'y préparer, tant
en déracinant de mon esprit toutes les mauvaises opinions
que j'y avais reçues avant ce temps-là, qu'en faisant amas
de plusieurs expériences, pour être après la matière de mes
raisonnements, et en m'exerçant toujours en la méthode
que je m'étais prescrite, afin de m'y affermir de plus en
plus.

TROISIÈME PARTIE.

Quelques règles de la morale, tirées de cette méthode.

Et enfin, comme ce n'est pas assez, avant de commencer à rebâtir le logis où on demeure, que de l'abattre, et
de faire provision de matériaux et d'architectes, ou s'exercer soi-même à l'architecture, et outre cela d'en avoir soigneusement tracé le dessin, mais qu'il faut aussi s'être
pourvu de quelque autre où on puisse être logé commodément pendant le temps qu'on y travaillera; ainsi, afin que
je ne demeurasse point irrésolu en mes actions pendant
que la raison m'obligerait de l'être en mes jugements, et
que je ne laissasse pas de vivre dès lors le plus heureusement que je pourrais, je me formai une morale par provision, qui ne consistait qu'en trois ou quatre maximes, dont
je veux bien vous faire part[1].
   La première était d'obéir aux lois et aux coutumes de
mon pays, retenant constamment la religion en laquelle
Dieu m'a fait la grâce d'être instruit dès mon enfance, et
me gouvernant en toute autre chose suivant les opinions
les plus modérées et les plus éloignées de l'excès, qui fus-

---

1. Descartes expose ici sa morale provisoire : on ne peut dire qu'il en
ait jamais professé une définitive ; il n'a pas approfondi cette partie de
la philosophie, et on voit par sa correspondance qu'il n'aimait pas qu'on
l'interrogeât sur les questions de cet ordre. Cependant on trouve dans
les *Lettres à la princesse Elisabeth* quelques indications intéressantes :
il se rapproche surtout, en morale, des idées des stoïciens.

sent communément reçues en pratique par les mieux sensés de ceux avec lesquels j'aurais à vivre. Car, commençant dès lors à ne compter pour rien les miennes propres, à cause que je les voulais remettre toutes à l'examen, j'étais assuré de ne pouvoir mieux que de suivre celles des mieux sensés. Et encore qu'il y en ait peut-être d'aussi bien sensés parmi les Perses et les Chinois que parmi nous, il me semblait que le plus utile était de me régler selon ceux avec lesquels j'aurais à vivre ; et que, pour savoir quelles étaient véritablement leurs opinions, je devais plutôt prendre garde à ce qu'ils pratiquaient qu'à ce qu'ils disaient, non seulement à cause qu'en la corruption de nos mœurs il y a peu de gens qui veuillent dire tout ce qu'ils croient, mais aussi à cause que plusieurs l'ignorent eux-mêmes ; car l'action de la pensée par laquelle on croit une chose étant différente de celle par laquelle on connaît qu'on la croit[1], elles sont souvent l'une sans l'autre. Et, entre plusieurs opinions également reçues, je ne choisissais que les plus modérées, tant à cause que ce sont toujours les plus commodes pour la pratique, et vraisemblablement les meilleures, tous excès ayant coutume d'être mauvais, comme aussi afin de me détourner moins du vrai chemin, en cas que je faillisse, que si, ayant choisi l'un des extrêmes, c'eût été l'autre qu'il eût fallu suivre. Et particulièrement je mettais entre les excès toutes les promesses par lesquelles on retranche quelque chose de sa liberté ; non que je désapprouvasse les lois qui, pour remédier à l'inconstance des esprits faibles, permettent, lorsqu'on a quelque bon dessein, ou même, pour la sûreté du commerce, quelque dessein qui n'est qu'indifférent, qu'on fasse des vœux ou des contrats qui obligent à y persévérer ; mais à cause que je ne voyais au monde aucune chose qui demeurât toujours en même état, et que, pour mon particulier, je me promettais de perfectionner de plus en plus mes jugements et non point de les rendre pires, j'eusse pensé commettre une grande faute contre le bon sens si, pour ce que j'approuvais alors quelque chose, je me fusse

---

1. Descartes a sur la nature de la croyance une théorie particulière : il la fait dépendre de la volonté. (Voir la IVᵉ méditation.)

obligé de la prendre pour bonne encore après, lorsqu'elle aurait peut-être cessé de l'être, ou que j'aurais cessé de l'estimer telle.

Ma seconde maxime était d'être le plus ferme et le plus résolu en mes actions que je pourrais, et de ne suivre pas moins constamment les opinions les plus douteuses lorsque je m'y serais une fois déterminé, que si elles eussent été très assurées : imitant en ceci les voyageurs qui, se trouvant égarés en quelque forêt, ne doivent pas errer en tournoyant tantôt d'un côté, tantôt d'un autre, ni encore moins s'arrêter en une place, mais marcher toujours le plus droit qu'ils peuvent vers un même côté, et ne le changer point pour de faibles raisons, encore que ce n'ait peut-être été au commencement que le hasard seul qui les ait déterminés à le choisir; car, par ce moyen, s'ils ne vont justement où ils désirent, ils arriveront au moins à la fin quelque part, où vraisemblablement ils seront mieux que dans le milieu d'une forêt. Et ainsi les actions de la vie ne souffrant souvent aucun délai, c'est une vérité très certaine que, lorsqu'il n'est pas en notre pouvoir de discerner les plus vraies opinions, nous devons suivre les plus probables : et même qu'encore que nous ne remarquions point davantage de probabilité aux unes qu'aux autres, nous devons néanmoins nous déterminer à quelques-unes, et les considérer après, non plus comme douteuses en tant qu'elles se rapportent à la pratique, mais comme très vraies et très certaines, à cause que la raison qui nous y a fait déterminer se trouve telle. Et ceci fut capable dès lors de me délivrer de tous les repentirs et des remords qui ont coutume d'agiter les consciences de ces esprits faibles et chancelants qui se laissent aller inconstamment à pratiquer comme bonnes les choses qu'ils jugent après être mauvaises [1].

Ma troisième maxime était de tâcher toujours plutôt à me vaincre que la fortune, et à changer mes désirs que

---

1. Peut-être cette règle de morale est-elle, comme la suivante, d'inspiration stoïcienne. Zénon et ses disciples recommandaient en effet au sage de rester d'accord avec lui-même, *sibi constare* : rien n'était plus contraire, suivant eux, à la vertu, que l'inconstance et l'irrésolution.

l'ordre du monde, et généralement de m'accoutumer à croire qu'il n'y a rien qui soit entièrement en notre pouvoir que nos pensées[1], en sorte qu'après que nous avons fait notre mieux touchant les choses qui nous sont extérieures, tout ce qui manque de nous réussir est au regard de nous absolument impossible. Et ceci seul me semblait être suffisant pour m'empêcher de rien désirer à l'avenir que je n'acquisse, et ainsi pour me rendre content; car notre volonté ne se portant naturellement à désirer que les choses que notre entendement lui représente en quelque façon comme possibles[2], il est certain que si nous considérons tous les biens qui sont hors de nous comme également éloignés de notre pouvoir, nous n'aurons pas plus de regret de manquer de ceux qui semblent être dus à notre naissance, lorsque nous en serons privés sans notre faute, que nous avons de ne posséder pas les royaumes de la Chine ou de Mexique; et que faisant, comme on dit, de nécessité vertu, nous ne désirerons pas davantage d'être sains étant malades, ou d'être libres étant en prison, que nous faisons maintenant d'avoir des corps d'une matière aussi peu corruptible que les diamants, ou des ailes pour voler comme les oiseaux. Mais j'avoue qu'il est besoin d'un long exercice et d'une méditation souvent réitérée, pour s'accoutumer à regarder de ce biais toutes les choses; et je crois que c'est principalement en ceci que consistait le secret de ces philosophes[3] qui ont pu autrefois se soustraire à l'empire de la fortune, et, malgré les douleurs et la pauvreté, disputer de la félicité avec leurs dieux. Car, s'occupant sans cesse à considérer les bornes qui leur étaient prescrites par la nature, ils se persuadaient si par-

1. Précepte stoïcien. Épictète déclare volontiers que rien n'est en notre pouvoir sinon nos idées; et le but de la morale est de nous enseigner l'usage qu'il en faut faire, χρῆσις φαντασιῶν.

2. La volonté, suivant Descartes, ne se sépare jamais complètement de l'entendement : nous ne voulons pas ce dont nous n'avons aucune idée. Mais nous voulons souvent (et par suite nous croyons) des choses dont nous n'avons qu'une idée confuse : la volonté, si elle ne se sépare pas de l'entendement, le dépasse : de cette disproportion naissent l'erreur et le vice. (Voyez IVe Méditation.)

3. Les stoïciens. Ils avaient en effet la prétention d'égaler les dieux, et même de les surpasser, car leur sagesse, disaient-ils, était leur œuvre. Celle des dieux, au contraire, leur appartient naturellement.

faitement que rien n'était en leur pouvoir que leurs pensées, que cela seul était suffisant pour les empêcher d'avoir
aucune affection pour d'autres choses; et ils disposaient
d'elles si absolument, qu'ils avaient en cela quelque raison de s'estimer plus riches et plus puissants, et plus
libres et plus heureux qu'aucun des autres hommes, qui,
n'ayant point cette philosophie, tant favorisés de la nature
et de la fortune qu'ils puissent être, ne disposent jamais
ainsi de tout ce qu'ils veulent.

Enfin, pour conclusion de cette morale, je m'avisai de
faire une revue sur les diverses occupations qu'ont les
hommes en cette vie, pour tâcher à faire choix de la meilleure; et, sans que je veuille rien dire de celles des autres,
je pensai que je ne pouvais mieux que de continuer en
celle-là même où je me trouvais, c'est-à-dire que d'employer toute ma vie à cultiver ma raison, et m'avancer
autant que je pourrais en la connaissance de la vérité, suivant la méthode que je m'étais prescrite. J'avais éprouvé
de si extrêmes contentements depuis que j'avais commencé
à me servir de cette méthode, que je ne croyais pas qu'on
en pût recevoir de plus doux ni de plus innocents en
cette vie; et découvrant tous les jours par son moyen
quelques vérités qui me semblaient assez importantes, et
communément ignorées des autres hommes, la satisfaction
que j'en avais remplissait tellement mon esprit, que tout
le reste ne me touchait point. Outre que les trois maximes
précédentes n'étaient fondées que sur le dessein que
j'avais de continuer à m'instruire; car Dieu nous ayant
donné à chacun quelque lumière pour discerner le vrai
d'avec le faux, je n'eusse pas cru me devoir contenter des
opinions d'autrui un seul moment, si je ne me fusse proposé
d'employer mon propre jugement à les examiner lorsqu'il
serait temps; et je n'eusse su m'exempter de scrupule en
les suivant, si je n'eusse espéré de ne perdre pour cela
aucune occasion d'en trouver de meilleures, en cas qu'il y
en eût; et enfin je n'eusse su borner mes désirs ni être
content, si je n'eusse suivi un chemin par lequel, pensant
être assuré de l'acquisition de toutes les connaissances
dont je serais capable, je le pensais être par même moyen
de celle de tous les vrais biens qui seraient jamais en mon

pouvoir, d'autant que, notre volonté ne se portant à suivre
ni à fuir aucune chose que selon que notre entendement
la lui représente bonne ou mauvaise, il suffit de bien juger
pour bien faire[1], et de juger le mieux qu'on puisse, pour
faire aussi tout son mieux, c'est-à-dire pour acquérir
toutes les vertus, et ensemble tous les autres biens qu'on
puisse acquérir; et lorsqu'on est certain que cela est, on ne
saurait manquer d'être content.

Après m'être ainsi assuré de ces maximes, et les avoir
mises à part avec les vérités de la foi, qui ont toujours été
les premières en ma créance, je jugeai que pour tout le
reste de mes opinions je pouvais librement entreprendre
de m'en défaire; et d'autant que j'espérais en pouvoir
mieux venir à bout en conversant avec les hommes qu'en
demeurant plus longtemps renfermé dans le poêle où
j'avais eu toutes ces pensées, l'hiver n'était pas encore bien
achevé, que je me remis à voyager. Et en toutes les neuf
années suivantes je ne fis autre chose que rouler çà et là
dans le monde, tâchant d'y être spectateur plutôt qu'acteur
en toutes les comédies qui s'y jouent; et, faisant particulièrement réflexion en chaque matière sur ce qui la pouvait rendre suspecte et nous donner occasion de nous méprendre, je déracinais cependant de mon esprit toutes les
erreurs qui s'y étaient pu glisser auparavant. Non que
j'imitasse pour cela les sceptiques[2], qui ne doutent que
pour douter, et affectent d'être toujours irrésolus; car, au
contraire, tout mon dessein ne tendait qu'à m'assurer, et
à rejeter la terre mouvante et le sable, pour trouver le roc
ou l'argile. Ce qui me réussissait, ce me semble, assez
bien, d'autant que, tâchant à découvrir la fausseté ou l'incertitude des propositions que j'examinais, non par de
faibles conjectures, mais par des raisonnements clairs et

---

1. Descartes est ici d'accord avec Socrate et Platon : ces philosophes
disaient aussi qu'il suffit de connaître le bien pour l'accomplir, que la
vertu n'est que la science, et que personne n'est méchant en le voulant.
Cette doctrine conduit tout droit à la négation de la liberté. Quoi qu'en
dise Descartes, chacun sait qu'on peut bien juger et mal faire.

2. Passage important : on a souvent reproché à Descartes, bien à
tort, d'avoir fourni des armes aux sceptiques, et on l'a accusé lui-même
de scepticisme. Il prend soin de marquer ici le caractère propre de sa
doctrine.

assurés, je n'en rencontrerais point de si douteuses que je
n'en tirasse toujours quelque conclusion assez certaine,
quand ce n'eût été que cela même qu'elle ne contenait rien
de certain. Et comme, en abattant un vieux logis, on en
réserve ordinairement les démolitions pour servir à en
bâtir un nouveau, ainsi, en détruisant toutes celles de mes
opinions que je jugeais être mal fondées, je faisais diverses
observations et acquérais plusieurs expériences, qui m'ont
servi depuis à en établir de plus certaines. Et de plus je
continuais à m'exercer en la méthode que je m'étais prescrite ; car, outre que j'avais soin de conduire généralement
toutes mes pensées selon les règles, je me réservais de
temps en temps quelques heures, que j'employais particulièrement à la pratiquer en des difficultés de mathématique,
ou même aussi en quelques autres que je pouvais rendre
quasi semblables à celles des mathématiques, en les dé-
tachant de tous les principes des autres sciences que je ne
trouvais pas assez fermes, comme vous verrez que j'ai fait
en plusieurs qui sont expliquées en ce volume [1]. Et ainsi,
sans vivre d'autre façon en apparence que ceux qui, n'ayant
aucun emploi qu'à passer une vie douce et innocente,
s'étudient à séparer les plaisirs des vices, et qui, pour jouir
de leur loisir sans s'ennuyer, usent de tous les divertisse-
ments qui sont honnêtes, je ne laissais pas de poursuivre
en mon dessein, et de profiter en la connaissance de la
vérité, peut-être plus que si je n'eusse fait que lire des
livres ou fréquenter des gens de lettres.

Toutefois, ces neuf années s'écoulèrent avant que j'eusse
encore pris aucun parti touchant les difficultés qui ont coutume d'être disputées entre les doctes, ni commencé à
chercher les fondements d'aucune philosophie plus certaine que la vulgaire. Et l'exemple de plusieurs excellents
esprits qui, en ayant eu ci-devant le dessein, me semblaient n'y avoir pas réussi, m'y faisait imaginer tant de
difficulté, que je n'eusse peut-être pas encore sitôt osé
l'entreprendre, si je n'eusse vu que quelques-uns faisaient
déjà courre le bruit que j'en étais venu à bout. Je ne sau-

1. La *Dioptrique*, les *Météores* et la *Géométrie* ont été publiés d'abord
dans le même volume que le *Discours de la Méthode*.

rais pas dire sur quoi ils fondaient cette opinion; et si j'y ai contribué quelque chose par mes discours, ce doit avoir été en confessant plus ingénument ce que j'ignorais que n'ont coutume de faire ceux qui ont un peu étudié, et peut-être aussi en faisant voir les raisons que j'avais de douter de beaucoup de choses que les autres estiment certaines, plutôt qu'en me vantant d'aucune doctrine. Mais ayant le cœur assez bon pour ne vouloir point qu'on me prît pour autre chose que je n'étais, je pensai qu'il fallait que je tâchasse par tous moyens à me rendre digne de la réputation qu'on me donnait; et il y a justement huit ans que ce désir me fit résoudre à m'éloigner de tous les lieux où je pouvais avoir des connaissances, et à me retirer ici[1], en un pays où la longue durée de la guerre a fait établir de tels ordres, que les armées qu'on y entretient ne semblent servir qu'à faire qu'on y jouisse des fruits de la paix avec d'autant plus de sûreté, et où, parmi la foule d'un grand peuple fort actif, et plus soigneux de ses propres affaires que curieux de celles d'autrui, sans manquer d'aucune des commodités qui sont dans les villes les plus fréquentées, j'ai pu vivre aussi solitaire et retiré que dans les déserts les plus écartés.

QUATRIÈME PARTIE.

Raisons qui prouvent l'existence de Dieu et de l'âme humaine, ou fondements de la métaphysique.

Je ne sais si je dois vous entretenir des premières méditations que j'y ai faites; car elles sont si métaphysiques et si peu communes, qu'elles ne seront peut-être pas au goût de tout le monde; et toutefois, afin qu'on puisse juger si les fondements que j'ai pris sont assez fermes, je me trouve en quelque façon contraint d'en parler. J'avais dès longtemps remarqué que, pour les mœurs,

1. En Hollande.

il est besoin quelquefois de suivre des opinions qu'on sait
être fort incertaines tout de même que si elles étaient
indubitables, ainsi qu'il a été dit ci-dessus [1]; mais, pour
ce qu'alors je désirais vaquer seulement à la recherche de
la vérité, je pensai qu'il fallait que je fisse tout le contraire,
et que je rejetasse comme absolument faux tout ce en
quoi je pourrais imaginer le moindre doute, afin de voir
s'il ne resterait point après cela quelque chose en ma
créance qui fût entièrement indubitable. Ainsi, à cause que
nos sens nous trompent quelquefois, je voulus supposer
qu'il n'y avait aucune chose qui fût telle qu'ils nous la font
imaginer; et pour ce qu'il y a des hommes qui se mé-
prennent en raisonnant, même touchant les plus simples
matières de géométrie, et y font des paralogismes, jugeant
que j'étais sujet à faillir autant qu'aucun autre, je rejetai
comme fausses toutes les raisons que j'avais prises auparavant pour démonstrations; et enfin, considérant que
toutes les mêmes pensées que nous avons étant éveillés
nous peuvent aussi venir quand nous dormons, sans qu'il
y en ait aucune pour lors qui soit vraie, je me résolus de
feindre que toutes les choses qui m'étaient jamais entrées
en l'esprit n'étaient non plus vraies que les illusions de
mes songes [2]. Mais aussitôt après je pris garde que, pendant que je voulais ainsi penser que tout était faux, il
fallait nécessairement que moi qui le pensais fusse quelque
chose; et remarquant que cette vérité, *Je pense, donc je
suis* [3], était si ferme et si assurée que toutes les plus extravagantes suppositions des sceptiques n'étaient pas capables
de l'ébranler, je jugeai que je pouvais la recevoir sans
scrupule pour le premier principe de la philosophie que je
cherchais.

Puis, examinant avec attention ce que j'étais, et voyant
que je pouvais feindre que je n'avais aucun corps, et qu'il
n'y avait aucun monde ni aucun lieu où je fusse, mais que

---

1. Voir la seconde maxime de morale dans la troisième partie.
2. Dans la Ire Méditation, Descartes, comme on le verra, ajoute
aux raisons de douter qu'il vient de donner, la supposition d'un *malin
génie* qui prend plaisir à lui faire voir les choses autrement qu'elles ne
sont. — Voir l'*Éclaircissement*, page 105.
3. Sur la nature et la portée du *Cogito, ergo sum*, voir l'*Éclaircissement* ci-dessous, page 108.

je ne pouvais pas feindre pour cela que je n'étais point, et qu'au contraire de cela même que je pensais à douter de la vérité des autres choses, il suivait très évidemment et très certainement que j'étais : au lieu que si j'eusse seulement cessé de penser, encore que tout le reste de ce que j'avais imaginé eût été vrai, je n'avais aucune raison de croire que j'eusse été, je connus de là que j'étais une substance dont toute l'essence ou la nature n'est que de penser[1], et qui pour être n'a besoin d'aucun lieu ni ne dépend d'aucune chose matérielle, en sorte que ce moi, c'est-à-dire l'âme par laquelle je suis ce que je suis, est entièrement distincte du corps, et même qu'elle est plus aisée à connaître que lui[2], et qu'encore qu'il ne fût point, elle ne laîrrait pas d'être tout ce qu'elle est.

Après cela je considérai en général ce qui est requis à une proposition pour être vraie et certaine ; car, puisque je venais d'en trouver une que je savais être telle, je pensai que je devais aussi savoir en quoi consiste cette certitude. Et ayant remarqué qu'il n'y a rien du tout en ceci, *Je pense, donc je suis,* qui m'assure que je dis la vérité, sinon que je vois très clairement que, pour penser il faut être, je jugeai que je pouvais prendre pour règle générale que les choses que nous concevons fort clairement et fort distinctement sont toutes vraies, mais qu'il y a seulement quelque difficulté à bien remarquer quelles sont celles que nous concevons distinctement[3].

Ensuite de quoi, faisant réflexion sur ce que je doutais, et que par conséquent mon être n'était pas tout parfait, car je voyais clairement que c'était une plus grande

---

1. Il faut remarquer l'opposition radicale que Descartes établit entre l'étendue et la pensée : c'est un des points importants de son système. (Voir ci-dessous, page 111).

2. Au sujet de cette importante assertion que l'âme est plus aisée à connaître que le corps, voir la IIe Méditation; voir aussi le développement de cette pensée, page 52).

3. On remarquera que, dans ce passage, Descartes ne prononce pas le mot évidence, terme vague et équivoque : c'est la clarté et la distinction de l'idée qui sont les marques de la vérité : il s'agit de qualités purement intellectuelles, dont la pensée seule, en tant qu'elle est distincte de l'imagination et des sens, peut être juge. En un mot, l'évidence dont parle Descartes est purement intellectuelle ou métaphysique, nullement sensible ou physique. (Voir l'*Éclaircissement,* page 93.)

perfection de connaître que de douter, je m'avisai de
chercher d'où j'avais appris à penser à quelque chose de
plus parfait que je n'étais, et je connus évidemment que
ce devait être de quelque nature qui fût en effet plus parfaite. Pour ce qui est des pensées que j'avais de plusieurs
autres choses hors de moi, comme du ciel, de la terre, de
la lumière, de la chaleur, et de mille autres, je n'étais
point tant en peine de savoir d'où elles venaient, à cause
que, ne remarquant rien en elles qui me semblât les
rendre supérieures à moi, je pouvais croire que, si elles
étaient vraies, c'étaient des dépendances de ma nature,
en tant qu'elle avait quelque perfection, et si elles ne
l'étaient pas, que je les tenais du néant, c'est-à-dire
qu'elles étaient en moi pour ce que j'avais du défaut. Mais
ce ne pouvait être le même de l'idée d'un être plus parfait
que le mien; car, de la tenir du néant, c'était chose manifestement impossible; et pour ce qu'il n'y a pas moins de
répugnance que le plus parfait soit une suite et une dépendance du moins parfait, qu'il y en a que de rien procède
quelque chose, je ne la pouvais tenir non plus de moi-
même; de façon qu'il restait qu'elle eût été mise en moi
par une nature qui fût véritablement plus parfaite que je
n'étais, et même qui eût en soi toutes les perfections dont
je pouvais avoir quelque idée, c'est-à-dire, pour m'expliquer en un mot, qui fût Dieu[1]. A quoi j'ajoutai que, puisque je connaissais quelques perfections que je n'avais
point, je n'étais pas le seul être qui existât (j'userai, s'il
vous plait, ici librement des mots de l'école), mais qu'il
fallait de nécessité qu'il y en eût quelque autre plus parfait, duquel je dépendisse, et duquel j'eusse acquis tout ce
que j'avais; car si j'eusse été seul et indépendant de tout
autre, en sorte que j'eusse eu de moi-même tout ce peu
que je participais de l'être parfait, j'eusse pu avoir de moi,
par même raison, tout le surplus que je connaissais me
manquer, et ainsi être moi-même infini, éternel, immuable, tout connaissant, tout-puissant, et enfin avoir

1. On trouve, dans la IIIe Méditation, un développement de cette
preuve, compliquée de quelques considérations qui ne paraissent pas
ici. — Sur les preuves de l'existence de Dieu, voyez dans les *Éclaircissements*, page 114.

toutes les perfections que je pouvais remarquer être en Dieu. Car, suivant les raisonnements que je viens de faire, pour connaître la nature de Dieu autant que la mienne en était capable, je n'avais qu'à considérer, de toutes les choses dont je trouvais en moi quelque idée, si c'était perfection ou non de les posséder ; et j'étais assuré qu'aucune de celles qui marquaient quelque imperfection n'était en lui, mais que toutes les autres y étaient : comme je voyais que le doute, l'inconstance, la tristesse, et choses semblables, n'y pouvaient être, vu que j'eusse été moi-même bien aise d'en être exempt. Puis, outre cela, j'avais des idées de plusieurs choses sensibles et corporelles ; car, quoique je supposasse que je rêvais, et que tout ce que je voyais ou imaginais était faux, je ne pouvais nier toutefois que les idées n'en fussent véritablement en ma pensée. Mais pour ce que j'avais déjà connu en moi très clairement que la nature intelligente est distincte de la corporelle, considérant que toute composition témoigne de la dépendance, et que la dépendance est manifestement un défaut, je jugeais de là que ce ne pouvait être une perfection en Dieu d'être composé de ces deux natures, et que par conséquent il ne l'était pas ; mais que s'il y avait quelques corps dans le monde, ou bien quelques intelligences ou autres natures qui ne fussent point toutes parfaites, leur être devait dépendre de sa puissance, en telle sorte qu'elles ne pouvaient subsister sans lui un seul moment.

Je voulus chercher après cela d'autres vérités ; et m'étant proposé l'objet des géomètres, que je concevais comme un corps continu, ou un espace indéfiniment étendu en longueur, largeur et hauteur ou profondeur, divisible en diverses parties qui pouvaient avoir diverses figures et grandeurs, et être mues ou transposées en toutes sortes, car les géomètres supposent tout cela en leur objet, je parcourus quelques-unes de leurs plus simples démonstrations ; et, ayant pris garde que cette grande certitude, que tout le monde leur attribue, n'est fondée que sur ce qu'on les conçoit évidemment, suivant la règle que j'ai tantôt dite, je pris garde aussi qu'il n'y avait rien du tout en elles qui m'assurât de l'existence de leur objet ; car, par exemple, je voyais bien que, supposant un triangle, il fallait que ses

trois angles fussent égaux à deux droits, mais je ne voyais
rien pour cela qui m'assurât qu'il y eût au monde aucun
triangle ; au lieu que, revenant à examiner l'idée que
j'avais d'un être parfait, je trouvais que l'existence y était
comprise en même façon qu'il est compris en celle d'un
triangle que ses trois angles sont égaux à deux droits, ou
en celle d'une sphère que toutes ses parties sont également
distantes de son centre, ou même encore plus évidemment; et que par conséquent il est pour le moins
aussi certain que Dieu, qui est cet être parfait, est ou
existe, qu'aucune démonstration de géométrie le saurait
être[1].

Mais ce qui fait qu'il y en a plusieurs qui se persuadent
qu'il y a de la difficulté à le connaître, et même aussi à
connaître ce que c'est que leur âme, c'est qu'ils n'élèvent
jamais leur esprit au delà des choses sensibles, et qu'ils
sont tellement accoutumés à ne rien considérer qu'en
l'imaginant, qui est une façon de penser particulière pour
les choses matérielles, que tout ce qui n'est pas imagi-
nable leur semble n'être pas intelligible. Ce qui est assez
manifeste de ce que même les philosophes tiennent pour
maxime, dans les écoles, qu'il n'y a rien dans l'entendement
qui n'ait premièrement été dans le sens[2], où toutefois il
est certain que les idées de Dieu et de l'âme n'ont jamais
été; et il me semble que ceux qui veulent user de leur
imagination pour les comprendre font tout de même que
si, pour ouïr les sons ou sentir les odeurs, ils se voulaient
servir de leurs yeux; sinon qu'il y a encore cette différence,
que le sens de la vue ne nous assure pas moins de la
vérité de ses objets que font ceux de l'odorat ou de l'ouïe;
au lieu que ni notre imagination ni nos sens ne nous sauraient jamais assurer d'aucune chose, si notre entendement n'y intervient.

Enfin, s'il y a encore des hommes qui ne soient pas

---

1. Voyez page 117.
2. On connaît la maxime célèbre : *Nihil est in intellectu quod non prius
fuerit in sensu.* Descartes y oppose la théorie des *idées innées ;* l'esprit,
suivant lui, apporte en naissant non des idées toutes faites, mais des
dispositions à former certaines idées, des germes qui n'attendent qu'une
occasion fournie par les sens pour se manifester. — Voyez page 150.

assez persuadés de l'existence de Dieu et de leur âme par les raisons que j'ai apportées, je veux bien qu'ils sachent que toutes les autres choses dont ils se pensent peut-être plus assurés, comme d'avoir un corps, et qu'il y a des astres et une terre, et choses semblables, sont moins certaines; car, encore qu'on ait une assurance morale [1] de ces choses, qui est telle qu'il semble qu'à moins d'être extravagant on n'en peut douter, toutefois aussi, à moins que d'être déraisonnable, lorsqu'il est question d'une certitude métaphysique, on ne peut nier que ce ne soit assez de sujet pour n'en être pas entièrement assuré que d'avoir pris garde qu'on peut en même façon s'imaginer, étant endormi, qu'on a un autre corps, et qu'on voit d'autres astres et une autre terre, sans qu'il en soit rien. Car d'où sait-on que les pensées qui viennent en songe sont plutôt fausses que les autres, vu que souvent elles ne sont pas moins vives et expresses? Et que les meilleurs esprits y étudient tant qu'il leur plaira, je ne crois pas qu'ils puissent donner aucune raison qui soit suffisante pour ôter ce doute, s'ils ne présupposent l'existence de Dieu. Car, premièrement, cela même que j'ai tantôt pris pour une règle, à savoir que les choses que nous concevons très clairement et très distinctement sont toutes vraies, n'est assuré qu'à cause que Dieu est ou existe [2], et qu'il est un être parfait, et que tout ce qui est en nous vient de lui; d'où il suit que nos idées ou notions étant des choses réelles et qui viennent de Dieu, en tout ce en quoi elles sont claires et distinctes, ne peuvent en cela être que vraies. En sorte que si nous en avons assez souvent qui contiennent de la fausseté, ce ne peut être que de celles qui ont quelque chose de confus et obscur, à cause qu'en cela elles participent du néant, c'est-à-dire qu'elles ne sont en nous ainsi

---

1. Descartes distingue la certitude morale de la certitude métaphysique. « La première est suffisante pour régler nos mœurs... Ainsi ceux qui n'ont jamais été à Rome ne doutent point que ce ne soit une ville en Italie, bien qu'il se pourrait faire que tous ceux desquels ils l'ont appris les eussent trompés... L'autre sorte de certitude est lorsque nous pensons qu'il n'est aucunement possible que la chose soit autre que nous la jugeons. » (*Principes de philosophie*, IV, 205-206).

2. Sur cette question, qui est une des grandes difficultés du système de Descartes, voyez les *Éclaircissements*, page 191.

confuses qu'à cause que nous ne sommes pas tout parfaits.
Et il est évident qu'il n'y a pas moins de répugnance que
la fausseté ou l'imperfection procède de Dieu en tant que
telle, qu'il y en a que la vérité ou la perfection procède du
néant. Mais si nous ne savions point que tout ce qui est en
nous de réel et de vrai vient d'un être parfait et infini,
pour claires et distinctes que fussent nos idées, nous n'aurions aucune raison qui nous assurât qu'elles eussent la
perfection d'être vraies.

Or, après que la connaissance de Dieu et de l'âme nous
a ainsi rendus certains de cette règle, il est bien aisé à
connaître que les rêveries que nous imaginons étant
endormis, ne doivent aucunement nous faire douter de la
vérité des pensées que nous avons étant éveillés [1]. Car
s'il arrivait même en dormant qu'on eût quelque idée fort
distincte, comme, par exemple, qu'un géomètre inventât
quelque nouvelle démonstration, son sommeil ne l'empê-
cherait pas d'être vraie; et pour l'erreur la plus ordinaire
de nos songes, qui consiste en ce qu'ils nous représentent divers objets en même façon que font nos sens extérieurs, n'importe pas qu'elle nous donne occasion de nous
défier de la vérité de telles idées, à cause qu'elles peuvent aussi nous tromper assez souvent sans que nous
dormions, comme lorsque ceux qui ont la jaunisse voient
tout de couleur jaune, ou que les astres ou autres corps
fort éloignés nous paraissent beaucoup plus petits qu'ils
ne sont. Car enfin, soit que nous veillions, soit que nous
dormions, nous ne nous devons jamais laisser persuader
qu'à l'évidence de notre raison. Et il est à remarquer que
je dis de notre raison, et non point de notre imagination
ni de nos sens [2] : comme, encore que nous voyions le soleil
très clairement, nous ne devons pas juger pour cela qu'il
ne soit que de la grandeur que nous le voyons; et nous
pouvons bien imaginer distinctement une tête de lion
entée sur le corps d'une chèvre, sans qu'il faille conclure

---

1. Sur la distinction entre le rêve et la veille, voir la VIᵉ Méditation.
2. On voit, comme nous l'avons remarqué ci-dessus, que Descartes
n'invoque jamais que l'évidence rationnelle.

pour cela qu'il y ait au monde une chimère; car la raison
ne nous dicte point que ce que nous voyons ou imaginons
ainsi soit véritable; mais elle nous dicte bien que toutes
nos idées ou notions doivent avoir quelque fondement de
vérité; car il ne serait pas possible que Dieu, qui est tout
parfait et tout véritable, les eût mises en nous sans cela;
et pour ce que nos raisonnements ne sont jamais si évidents ni si entiers pendant le sommeil que pendant la
veille, bien que quelquefois nos imaginations soient alors
autant ou plus vives et expresses, elle nous dicte aussi
que nos pensées ne pouvant être toutes vraies, à cause
que nous ne sommes pas tout parfaits, ce qu'elles ont de
vérité doit infailliblement se rencontrer en celles que nous
avons étant éveillés, plutôt qu'en nos songes.

CINQUIÈME PARTIE.

Ordre des questions de physique.

Je serais bien aise de poursuivre et de faire voir ici
toute la chaîne des autres vérités que j'ai déduites de ces
premières; mais à cause que pour cet effet il serait maintenant besoin que je parlasse de plusieurs questions qui
sont en controverse entre les doctes [1], avec lesquels je ne
désire point me brouiller, je crois qu'il sera mieux que je
m'en abstienne, et que je dise seulement en général
quelles elles sont, afin de laisser juger aux plus sages
s'il serait utile que le public en fût plus particulièrement
informé. Je suis toujours demeuré ferme en la résolution
que j'avais prise de ne supposer aucun autre principe
que celui dont je viens de me servir pour démontrer l'existence de Dieu et de l'âme, et de ne recevoir aucune chose
pour vraie qui ne me semblât plus claire et plus certaine

---

1. Allusion à la condamnation de Galilée, pour avoir soutenu que la
terre se meut. Dans le *Traité du monde ou de la lumière* qu'il allait
publier (et dont cette V° partie n'est qu'un abrégé), Descartes s'était
rallié à cette doctrine. Pour éviter les persécutions, il garda son livre,
qui ne fut publié qu'après sa mort.

que n'avaient fait auparavant les démonstrations des géomètres ; et néanmoins j'ose dire que, non seulement j'ai
trouvé moyen de me satisfaire en peu de temps touchant
toutes les principales difficultés dont on a coutume de
traiter en la philosophie, mais aussi que j'ai remarqué
certaines lois que Dieu a tellement établies en la nature,
et dont il a imprimé de telles notions en nos âmes[1], qu'a-
près y avoir fait assez de réflexion, nous ne saurions douter qu'elles ne soient exactement observées en tout ce
qui est ou qui se fait dans le monde. Puis, en considérant
la suite de ces lois, il me semble avoir découvert plusieurs
vérités plus utiles et plus importantes que tout ce que
j'avais appris auparavant ou même espéré d'apprendre.

Mais pour ce que j'ai tâché d'en expliquer les principales dans un traité que quelques considérations m'empêchent de publier, je ne les saurais mieux faire connaître
qu'en disant ici sommairement ce qu'il contient. J'ai eu
dessein d'y comprendre tout ce que je pensais savoir, avant
que de l'écrire, touchant la nature des choses matérielles.
Mais, tout de même que les peintres, ne pouvant également
bien représenter dans un tableau plat toutes les diverses faces d'un corps solide, en choisissent une des principales qu'ils mettent seule vers le jour, et, ombrageant
les autres, ne les font paraître qu'autant qu'on les peut
voir en la regardant, ainsi, craignant de ne pouvoir mettre
en mon discours tout ce que j'avais en la pensée, j'entrepris seulement d'y exposer bien amplement ce que je concevais de la lumière ; puis, à son occasion, d'y ajouter
quelque chose du soleil et des étoiles fixes, à cause qu'elle
en procède presque toute ; des cieux, à cause qu'ils la
transmettent ; des planètes, des comètes et de la terre, à
cause qu'elles la font réfléchir ; et en particulier de tous les
corps qui sont sur la terre, à cause qu'ils sont ou colo-
rés, ou transparents, ou lumineux ; et enfin de l'homme,
à cause qu'il en est le spectateur. Même, pour ombrager
un peu toutes ces choses, et pouvoir dire plus librement

---

1. Il faut remarquer ce point de départ de la physique cartésienne.
De nos jours, pour connaître le monde, on constate des faits : Descartes,
au contraire, s'attache à des idées innées. C'est la *méthode rationnelle* : il procède en géomètre.

ce que j'en jugeais [1], sans être obligé de suivre ni de réfuter les opinions qui sont reçues entre les doctes, je me résolus de laisser tout ce monde ici à leurs disputes, et de parler seulement de ce qui arriverait dans un nouveau, si Dieu créait maintenant quelque part, dans les espaces imaginaires, assez de matière pour le composer, et qu'il agitât diversement et sans ordre les diverses parties de cette matière, en sorte qu'il en composât un chaos aussi confus que les poètes en puissent feindre, et que par après il ne fît autre chose que prêter son concours ordinaire à la nature, et la laisser agir suivant les lois qu'il a établies. Ainsi, premièrement, je décrivis cette matière et tâchai de la représenter telle qu'il n'y a rien au monde, ce me semble, de plus clair ni plus intelligible [2], excepté ce qui a tantôt été dit de Dieu et de l'âme ; car même je supposai expressément qu'il n'y avait en elle aucune de ces formes ou qualités dont on dispute dans les écoles [3], ni généralement aucune chose dont la connaissance ne fût si naturelle à nos âmes qu'on ne pût pas même feindre de l'ignorer. De plus, je fis voir quelles étaient les lois de la nature ; et, sans appuyer mes raisons sur aucun autre principe que sur les perfections infinies de Dieu, je tâchai à démontrer toutes celles dont on eût pu avoir quelque doute, et à faire voir qu'elles sont telles qu'encore que Dieu aurait créé plusieurs mondes, il n'y en saurait avoir aucun où elles manquassent d'être observées. Après cela, je montrai comment la plus grande part de la matière de ce chaos devait, en suite de ces lois, se disposer et s'arranger d'une certaine façon qui la rendait semblable à nos

1. Il faut remarquer la prudence de Descartes et l'artifice qu'il emploie. Il laisse de côté le point de vue *historique* et ne se charge pas de dire comment les choses se sont passées : il se place au point de vue scientifique et indique seulement comment elles auraient pu se passer.

2. Cette matière, c'est uniquement l'étendue : et nous la connaissons, non par les sens, mais parce que nous en avons l'idée innée, claire et distincte.

3. Les *formes* dans la philosophie scolastique sont des entités mystérieuses qui s'ajoutent à la matière pour la déterminer. Par exemple, la *pierréité* s'ajoute à la matière pour former la pierre. On avait ainsi réponse à tout : la *vertu dormitive* explique l'opium. Descartes remplaça cette doctrine par une explication beaucoup plus scientifique. (Voyez *Éclaircissements*, page 97).

cieux ; comment cependant quelques-unes de ses parties
devaient composer une terre, et quelques-unes des planètes et des comètes, et quelques autres un soleil et des
étoiles fixes. Et ici, m'étendant sur le sujet de la lumière,
j'expliquai bien au long quelle était celle qui se devait
trouver dans le soleil et les étoiles, et comment de là elle
traversait en un instant les immenses espaces des cieux,
et comment elle se réfléchissait des planètes et des comètes vers la terre. J'y ajoutai aussi plusieurs choses touchant la substance, la situation, les mouvements, et toutes
les diverses qualités de ces cieux et de ces astres, en sorte
que je pensais en dire assez pour faire connaître qu'il ne
se remarque rien en ceux de ce monde qui ne dût ou du
moins qui ne pût paraître tout semblable en ceux du
monde que je décrivais. De là je vins à parler particulièrement de la terre ; comment, encore que j'eusse expressément supposé que Dieu n'avait mis aucune pesanteur en
la matière dont elle était composée, toutes ses parties ne
laissaient pas de tendre exactement vers son centre ; comment, y ayant de l'eau et de l'air sur sa superficie, la disposition des cieux et des astres, principalement de la lune,
y devait causer un flux et reflux qui fût semblable en toutes ses circonstances à celui qui se remarque dans nos
mers, et outre cela un certain cours tant de l'eau que de
l'air, du levant vers le couchant, tel qu'on le remarque
aussi entre les tropiques ; comment les montagnes, les
mers, les fontaines et les rivières pouvaient naturellement
s'y former, et les métaux y venir dans les mines, et les
plantes y croître dans les campagnes, et généralement
tous les corps qu'on nomme mêlés ou composés s'y engendrer. Et entre autres choses, à cause qu'après les astres
je ne connais rien au monde que le feu qui produise de la
lumière, je m'étudiai à faire entendre bien clairement tout
ce qui appartient à sa nature, comment il se fait, comment
il se nourrit, comment il n'a quelquefois que de la chaleur sans lumière, et quelquefois que de la lumière sans
chaleur ; comment il peut introduire diverses couleurs en
divers corps, et diverses autres qualités ; comment il en
fond quelques-uns et en durcit d'autres ; comment il les
peut consumer presque tous, ou convertir en cendres et

en fumée; et enfin comment de ces cendres, par la seule violence de son action, il forme du verre; car cette transmutation de cendres en verre me semblant être aussi admirable qu'aucune autre qui se fasse en la nature, je pris particulièrement plaisir à la décrire.

Toutefois, je ne voulais pas inférer de toutes ces choses que ce monde ait été créé en la façon que je proposais; car il est bien plus vraisemblable que, dès le commencement, Dieu l'a rendu tel qu'il devait être. Mais il est certain, et c'est une opinion communément reçue entre les théologiens, que l'action par laquelle maintenant il le conserve est toute la même que celle par laquelle il l'a créé[1]; de façon qu'encore qu'il ne lui aurait point donné au commencement d'autre forme que celle du chaos, pourvu qu'ayant établi les lois de la nature il lui prêtât son concours pour agir ainsi qu'elle a de coutume, on peut croire, sans faire tort au miracle de la création, que par cela seul toutes les choses qui sont purement matérielles auraient pu avec le temps s'y rendre telles que nous les voyons à présent; et leur nature est bien plus aisée à concevoir lorsqu'on les voit naître peu à peu en cette sorte, que lorsqu'on ne les considère que toutes faites.

De la description des corps inanimés et des plantes, je passai à celle des animaux, et particulièrement à celle des hommes. Mais pour ce que je n'en avais pas encore assez de connaissance pour en parler du même style que du reste, c'est-à-dire en démontrant les effets par les causes[2], et faisant voir de quelles semences et en quelle façon la nature les doit produire, je me contentai de supposer que Dieu formât le corps d'un homme entièrement semblable à l'un des nôtres, tant en la figure extérieure de ses membres qu'en la conformation intérieure de ses organes, sans le composer d'autre matière que de celle que j'avais décrite, et sans mettre en lui au commencement aucune âme raisonnable, ni aucune autre chose pour

1. Théorie de la création continuée.
2. Formule qui caractérise bien la méthode suivie par Descartes. La vraie méthode, en physique, est au contraire de remonter des effets aux causes.

y servir d'âme végétante ou sensitive, sinon qu'il excitât
en son cœur un de ces feux sans lumière que j'avais déjà
expliqués, et que je ne concevais point d'autre nature que
celui qui échauffe le foin lorsqu'on l'a renfermé avant qu'il
fût sec, ou qui fait bouillir les vins nouveaux lorsqu'on les
laisse cuver sur la râpe ; car, examinant les fonctions qui
pouvaient en suite de cela être en ce corps, j'y trouvais
exactement toutes celles qui peuvent être en nous sans
que nous y pensions [1] ; ni par conséquent que notre âme,
c'est-à-dire cette partie distincte du corps dont il a été dit
ci-dessus que la nature n'est que de penser, y contribue,
et qui sont tous les mêmes en quoi on peut dire que les
animaux sans raison nous ressemblent ; sans que j'y en
pusse pour cela trouver aucune de celles qui, étant dépendantes de la pensée, sont les seules qui nous appartiennent en tant qu'hommes ; au lieu que je les y trouvais
toutes par après, ayant supposé que Dieu créât une âme
raisonnable, et qu'il la joignît à ce corps en certaine façon
que je décrivais.

Mais afin qu'on puisse voir en quelle sorte j'y traitais
cette matière, je veux mettre ici l'explication du mouvement du cœur et des artères, qui étant le premier et le
plus général qu'on observe dans les animaux, on jugera
facilement de lui ce qu'on doit penser de tous les autres.
Et afin qu'on ait moins de difficulté à entendre ce que j'en
dirai, je voudrais que ceux qui ne sont point versés en
l'anatomie prissent la peine, avant que de lire ceci, de
faire couper devant eux le cœur de quelque grand animal
qui ait des poumons, car il est en tout assez semblable à
celui de l'homme, et qu'ils se fissent montrer les deux
chambres ou concavités qui y sont : premièrement celle qui
est dans son côté droit, à laquelle répondent deux tuyaux
fort larges, à savoir, la veine cave, qui est le principal

1. Tous les phénomènes de la vie, tous ceux qui échappent à la
conscience s'expliquent, selon Descartes, mécaniquement. L'homme, si
on fait abstraction de son âme, est un automate. Il n'y a point, pour
lui, comme on l'admet généralement de nos jours, trois choses distinctes, la matière, la vie, la pensée : il n'y en a que deux, la matière
ou l'étendue, et la pensée. La célèbre doctrine de l'automatisme des
bêtes n'est pas un accident, c'est une partie nécessaire, un élément
constitutif du système. (Voy. ci-dessous, p. 127.)

réceptacle du sang, et comme le tronc de l'arbre dont
toutes les autres veines du corps sont les branches; et la
veine artérieuse, qui a été ainsi mal nommée, pour ce que
c'est en effet une artère, laquelle, prenant son origine du
cœur, se divise, après en être sortie, en plusieurs branches
qui se vont répandre partout dans les poumons; puis celle
qui est dans son côté gauche, à laquelle répondent en
même façon deux tuyaux qui sont autant ou plus larges
que les précédents, à savoir, l'artère veineuse, qui a été
aussi mal nommée, à cause qu'elle n'est autre chose qu'une
veine, laquelle vient des poumons, où elle est divisée en
plusieurs branches entrelacées avec celles de la veine artérieuse; et celle de ce conduit qu'on nomme le sifflet, par
où entre l'air de la respiration; et la grande artère qui,
sortant du cœur, envoie ses branches par tout le corps.
Je voudrais aussi qu'on leur montrât soigneusement les
onze petites peaux qui, comme autant de petites portes,
ouvrent et ferment les quatre ouvertures qui sont en ces
deux concavités, à savoir, trois à l'entrée de la veine cave,
où elles sont tellement disposées qu'elles ne peuvent aucunement empêcher que le sang qu'elle contient ne coule dans
la concavité droite du cœur et toutefois empêchent exactement qu'il n'en puisse sortir; trois à l'entrée de la veine
artérieuse, qui, étant disposées tout au contraire, permettent bien au sang qui est dans cette concavité de passer
dans les poumons, mais non pas à celui qui est dans les
poumons d'y retourner; et ainsi deux autres à l'entrée de
l'artère veineuse, qui laissent couler le sang des poumons
vers la concavité gauche du cœur, mais s'opposent à son
retour; et trois à l'entrée de la grande artère, qui lui permettent de sortir du cœur, mais l'empêchent d'y retourner.
Et il n'est point besoin de chercher d'autre raison du nombre
de ces peaux, sinon que l'ouverture de l'artère veineuse
étant en ovale, à cause du lieu où elle se rencontre, peut
être commodément fermée avec deux, au lieu que les
autres, étant rondes, le peuvent mieux être avec trois. De
plus, je voudrais qu'on leur fît considérer que la grande
artère et la veine artérieuse sont d'une composition beaucoup plus dure et plus ferme que ne sont l'artère veineuse
et la veine cave, et que ces deux dernières s'élargissent

avant que d'entrer dans le cœur, et y font comme deux
bourses, nommées les oreilles du cœur, qui sont composées
d'une chair semblable à la sienne; et qu'il y a toujours
plus de chaleur dans le cœur qu'en aucun autre endroit du
corps; et enfin que cette chaleur est capable de faire que,
s'il entre quelques gouttes de sang en ses concavités, elle
s'enfle promptement et se dilate, ainsi que font généralement toutes les liqueurs, lorsqu'on les laisse tomber goutte
à goutte en quelque vaisseau qui est fort chaud.

Car, après cela, je n'ai besoin de dire autre chose pour
expliquer le mouvement du cœur, sinon que, lorsque ses
concavités ne sont pas pleines de sang, il y en coule nécessairement de la veine cave dans la droite et de l'artère
veineuse dans la gauche, d'autant que ces deux vaisseaux
en sont toujours pleins, et que leurs ouvertures, qui regardent vers le cœur, ne peuvent alors être bouchées; mais
que sitôt qu'il est entré ainsi deux gouttes de sang, une
en chacune de ses concavités, ces gouttes, qui ne peuvent
être que fort grosses, à cause que les ouvertures par où
elles entrent sont fort larges et les vaisseaux d'où elles
viennent fort pleins de sang, se raréfient et se dilatent, à
cause de la chaleur qu'elles y trouvent; au moyen de quoi,
faisant enfler tout le cœur, elles poussent et ferment les
cinq petites portes qui sont aux entrées des deux vaisseaux
d'où elles viennent, empêchant ainsi qu'il ne descende
davantage de sang dans le cœur; et continuant à se raré-
fier de plus en plus, elles poussent et ouvrent les six autres
petites portes qui sont aux entrées des deux autres vaisseaux par où elles sortent, faisant enfler par ce moyen
toutes les branches de la veine artérieuse et de la grande
artère, quasi au même instant que le cœur; lequel incontinent après se désenfle, comme font aussi ses artères, à
cause que le sang qui y est entré s'y refroidit; et leurs six
petites portes se referment, et les cinq de la veine cave
et de l'artère veineuse se rouvrent, et donnent passage à
deux autres gouttes de sang qui font derechef enfler le
cœur et les artères, tout de même que les précédentes. Et
pour ce que le sang qui entre ainsi dans le cœur passe
par ces deux bourses qu'on nomme ses oreilles, de là vient
que leur mouvement est contraire au sien, et qu'elles se

désenflent lorsqu'il s'enfle. Au reste, afin que ceux qui ne connaissent pas la force des démonstrations mathématiques, et ne sont pas accoutumés à distinguer les vraies raisons des vraisemblables, ne se hasardent pas de nier ceci sans l'examiner, je les veux avertir que ce mouvement que je viens d'expliquer suit aussi nécessairement de la seule disposition des organes qu'on peut voir à l'œil dans le cœur, et de la chaleur qu'on y peut sentir avec les doigts, et de la nature du sang qu'on peut connaître par expérience, que fait celui d'une horloge, de la force, de la situation et de la figure de ses contre-poids et de ses roues.

Mais si on demande comment le sang des veines ne s'épuise point en coulant ainsi continuellement dans le cœur, et comment les artères n'en sont point trop remplies, puisque tout celui qui passe par le cœur s'y va rendre, je n'ai pas besoin d'y répondre autre chose que ce qui a déjà été écrit par un médecin d'Angleterre[1], auquel il faut donner la louange d'avoir rompu la glace en cet endroit, et d'être le premier qui a enseigné qu'il y a plusieurs petits passages aux extrémités des artères par où le sang qu'elles reçoivent du cœur entre dans les petites branches des veines, d'où il se va rendre derechef vers le cœur; en sorte que son cours n'est autre chose qu'une circulation perpétuelle. Ce qu'il prouve fort bien par l'expérience ordinaire des chirurgiens, qui, ayant lié le bras médiocrement fort au-dessus de l'endroit où ils ouvrent la veine, font que le sang en sort plus abondamment que s'ils ne l'avaient point lié; et il arriverait tout le contraire s'ils le liaient au-dessous entre la main et l'ouverture, ou bien qu'ils le liassent très fort au-dessus. Car il est manifeste que le lien, médiocrement serré, pouvant empêcher que le sang qui est déjà dans le bras ne retourne vers le cœur par les veines, n'empêche pas pour cela qu'il n'y en vienne toujours de nouveau par les artères, à cause qu'elles sont situées au-dessous des veines, et que leurs peaux, étant plus dures, sont moins aisées à presser; et aussi que le sang qui vient du cœur tend avec plus de force à passer par elles vers la main, qu'il ne fait à retourner de là vers le cœur par les

1. Harvey, qui avait découvert la circulation du sang en 1620.

veines; et puisque ce sang sort du bras par l'ouverture
qui est en l'une des veines, il doit nécessairement y
avoir quelques passages au-dessous du lien, c'est-à-dire
vers les extrémités du bras, par où il y puisse venir des
artères. Il prouve aussi fort bien ce qu'il dit du cours du
sang, par certaines petites peaux qui sont tellement disposées en divers lieux le long des veines, qu'elles ne lui permettent point d'y passer du milieu du corps vers les extrémités, mais seulement de retourner des extrémités; et,
de plus, par l'expérience qui montre que tout celui qui est
dans le corps en peut sortir en fort peu de temps par une
seule artère lorsqu'elle est coupée, encore même qu'elle
fût étroitement liée fort proche du cœur et coupée entre
lui et le lien, en sorte qu'on n'eût aucun sujet d'imaginer
que le sang qui en sortirait vînt d'ailleurs.

Mais il y a plusieurs autres choses qui témoignent que
la vraie cause de ce mouvement du sang est celle que j'ai
dite; comme, premièrement, la différence qu'on remarque
entre celui qui sort des veines et celui qui sort des artères
ne peut procéder que de ce qu'étant raréfié et comme dis-
tillé en passant par le cœur, il est plus subtil et plus vif
et plus chaud incontinent après en être sorti, c'est-à-dire
étant dans les artères, qu'il n'est un peu devant que d'y
entrer, c'est-à-dire étant dans les veines. Et si on y prend
garde, on trouvera que cette différence ne paraît bien que
vers le cœur, et non point tant aux lieux qui en sont les
plus éloignés; puis la dureté des peaux dont la veine artérieuse et la grande artère sont composées montre assez
que le sang bat contre elles avec plus de force que contre
les veines. Et pourquoi la concavité gauche du cœur et la
grande artère seraient-elles plus amples et plus larges que
la concavité droite et la veine artérieuse, si ce n'était que
le sang de l'artère veineuse, n'ayant été que dans les poumons depuis qu'il a passé par le cœur, est plus subtil et
se raréfie plus fort et plus aisément que celui qui vient
immédiatement de la veine cave? Et qu'est-ce que les mé-
decins peuvent deviner en tâtant le pouls, s'ils ne savent
que, selon que le sang change de nature, il peut être raréfié par la chaleur du cœur plus ou moins fort et plus ou
moins vite qu'auparavant? Et si on examine comment cette

chaleur se communique aux autres membres, ne faut-il
pas avouer que c'est par le moyen du sang, qui, passant
par le cœur, s'y réchauffe et se répand de là par tout le
corps? d'où vient que si on ôte le sang de quelque partie,
on en ôte par même moyen la chaleur; et encore que le
cœur fût aussi ardent qu'un fer embrasé, il ne suffirait pas
pour réchauffer les pieds et les mains tant qu'il fait, s'il
n'y envoyait continuellement de nouveau sang. Puis aussi
on connaît de là que le vrai usage de la respiration est
d'apporter assez d'air frais dans le poumon pour faire que
le sang qui y vient de la concavité droite du cœur, où il a
été raréfié et comme changé en vapeurs, s'y épaississe et
convertisse en sang derechef, avant que de retomber dans
la gauche, sans quoi il ne pourrait être propre à servir de
nourriture au feu qui y est; ce qui se confirme par ce qu'on
voit que les animaux qui n'ont point de poumons n'ont
aussi qu'une seule concavité dans le cœur, et que les enfants, qui n'en peuvent user pendant qu'ils sont renfermés
au ventre de leurs mères, ont une ouverture par où il coule
du sang de la veine cave en la concavité gauche du cœur,
et un conduit par où il en vient de la veine artérieuse en
la grande artère, sans passer par le poumon. Puis la
coction, comment se ferait-elle en l'estomac si le cœur n'y
envoyait de la chaleur par les artères, et avec cela quelques-unes des plus coulantes parties du sang, qui aident
à dissoudre les viandes qu'on y a mises? Et l'action qui
convertit le suc de ces viandes en sang n'est-elle pas aisée
à connaître, si on considère qu'il se distille, en passant e
repassant par le cœur, peut-être plus de cent ou deux cents
fois en chaque jour? Et qu'a-t-on besoin d'autre chose pour
expliquer la nutrition et la production des diverses humeurs qui sont dans le corps, sinon de dire que la force
dont le sang, en se raréfiant, passe du cœur vers les extrémités des artères, fait que quelques-unes de ses parties
s'arrêtent entre celles des membres où elles se trouvent
et y prennent la place de quelques autres qu'elles en chas-
sent, et que, selon la situation ou la figure ou la petitesse
des pores qu'elles rencontrent, les unes se vont rendre en
certains lieux plutôt que les autres, en même façon que
chacun peut avoir vu divers cribles qui, étant diversement

4.

percés, servent à séparer divers grains les uns des autres?
Et enfin, ce qu'il y a de plus remarquable en tout ceci,
c'est la génération des esprits animaux, qui sont comme
un vent très subtil, ou plutôt comme une flamme très pure
et très vive, qui, montant continuellement en grande abon-
dance du cœur dans le cerveau, se va rendre de là par les
nerfs dans les muscles et donne le mouvement à tous les
membres, sans qu'il faille imaginer d'autre cause qui fasse
que les parties du sang qui, étant les plus agitées et les
plus pénétrantes, sont les plus propres à composer ces
esprits, se vont rendre plutôt vers le cerveau que vers ailleurs, sinon que les artères qui les y portent sont cellés
qui viennent du cœur le plus en ligne droite de toutes, et
que selon les règles des mécaniques, qui sont les mêmes
que celles de la nature, lorsque plusieurs choses tendent
ensemble à se mouvoir vers un même côté où il n'y a pas
assez de place pour toutes, ainsi que les parties du sang
qui sortent de la concavité gauche du cœur tendent vers
le cerveau, les plus faibles et moins agitées en doivent
être détournées par les plus fortes, qui par ce moyen s'y
vont rendre seules.

J'avais expliqué assez particulièrement toutes ces choses dans le traité que j'avais eu ci-devant dessein de
publier. Et ensuite j'y avais montré qu'elle doit être la
fabrique des nerfs et des muscles du corps humain, pour
faire que les esprits animaux[1] étant dedans aient la force
de mouvoir ses membres, ainsi qu'on voit que les têtes, un
peu après être coupées, se remuent encore et mordent la
terre, nonobstant qu'elles ne soient plus animées; quels
changements se doivent faire dans le cerveau pour causer

1. Les esprits animaux sont, suivant Descartes, la partie la plus
subtile du sang, « vent subtil, flamme très vive et très pure », très
mobile, par conséquent qui, étant projetée, par une impulsion toute mécanique, du cœur vers le cerveau, se met à la disposition de l'âme, logée
dans la partie de l'encéphale appelée glande pinéale. Les esprits animaux sont les ministres, les agents de l'âme, qui les distribue dans
les diverses parties du corps pour exécuter ses volontés. Descartes a
seulement négligé de nous dire comment l'âme immatérielle peut agir
sur cette matière, si subtile qu'on la suppose. On s'est plus d'une fois
moqué de cette théorie de Descartes. C'est à vrai dire une hypothèse
aujourd'hui abandonnée. Il faut remarquer toutefois qu'elle est l'équivalent du *fluide nerveux* dont nos physiologistes parlent couramment.

la veille et le sommeil, et les songes ; comment la lumière, les sons, les odeurs, les goûts, la chaleur, et toutes les autres qualités des objets extérieurs, y peuvent imprimer diverses idées, par l'entremise des sens[1] ; comment la faim, la soif, et les autres passions intérieures, y peuvent aussi envoyer les leurs ; ce qui doit y être pris pour le sens commun où ces idées sont reçues, pour la mémoire qui les conserve, et pour la fantaisie[2] qui les peut diversement changer et en composer de nouvelles, et par même moyen, distribuant les esprits animaux dans les muscles, faire mouvoir les membres de ce corps en autant de diverses façons, et autant à propos des objets qui se présentent à ses sens et des passions intérieures qui sont en lui, que les nôtres se puissent mouvoir sans que la volonté les conduise : ce qui ne semblera nullement étrange à ceux qui, sachant combien de divers *automates* ou machines mouvantes l'industrie des hommes peut faire, sans y employer que fort peu de pièces, à comparaison de la grande multitude des os, des muscles, des nerfs, des artères, des veines et de toutes les autres parties qui sont dans le corps de chaque animal, considéreront ce corps comme une machine qui, ayant été faite des mains de Dieu, est incomparablement mieux ordonnée et a en soi des mouvements plus admirables qu'aucune de celles qui peuvent être inventées par les hommes. Et je m'étais ici particulièrement arrêté à faire voir que s'il y avait de telles machines qui eussent les organes et la figure extérieure d'un singe ou de quelque autre animal sans raison, nous n'aurions aucun moyen pour reconnaître qu'elles ne seraient pas en tout de même nature que ces animaux; au lieu que s'il y en avait qui eussent la ressemblance de nos corps, et imitassent autant nos actions que moralement il serait possible, nous aurions toujours deux moyens très certains pour reconnaître qu'elles ne seraient point pour cela de vrais hommes : dont le premier est que jamais elles ne pourraient user de paroles ni d'autres signes en les composant, comme nous faisons pour déclarer aux autres nos pensées; car on peut bien conce-

---

1. On remarquera que toutes les opérations inférieures ordinairement attribuées à l'âme sont expliquées mécaniquement par Descartes.
2. L'imagination.

voir qu'une machine soit tellement faite qu'elle profère
des paroles, et même qu'elle en profère quelques-unes à
propos des actions corporelles qui causeront quelque changement en ses organes, comme, si on la touche en quelque endroit, qu'elle demande ce qu'on lui veut dire; si en
un autre, qu'elle crie qu'on lui fait mal, et choses semblables; mais non pas qu'elle les arrange diversement pour
répondre au sens de tout ce qui se dira en sa présence,
ainsi que les hommes les plus hébétés peuvent faire. Et le
second est que, bien qu'elles fissent plusieurs choses aussi
bien ou peut-être mieux qu'aucun de nous, elles manque-
raient infailliblement en quelques autres, par lesquelles
on découvrirait qu'elles n'agiraient pas par connaissance,
mais seulement par la disposition de leurs organes; car,
au lieu que la raison est un instrument universel qui peut
servir en toutes sortes de rencontres, ces organes ont
besoin de quelque particulière disposition pour chaque
action particulière; d'où vient qu'il est moralement impossible qu'il y en ait assez de divers en une machine pour la
faire agir, en toutes les occurrences de la vie, de même façon
que notre raison nous fait agir. Or, par ces deux mêmes
moyens on peut aussi connaître la différence qui est entre
les hommes et les bêtes; car c'est une chose bien remarquable qu'il n'y a point d'hommes si hébétés et si stupides,
sans en excepter même les insensés, qu'ils ne soient capables d'arranger ensemble diverses paroles, et d'en composer un discours par lequel ils fassent entendre leurs pensées; et qu'au contraire il n'y a point d'autre animal, tant
parfait et tant heureusement né qu'il puisse être, qui fasse
le semblable. Ce qui n'arrive pas de ce qu'ils ont faute
d'organes, car on voit que les pies et les perroquets peuvent proférer des paroles ainsi que nous et toutefois ne
peuvent parler ainsi que nous, c'est-à-dire en témoi-
gnant qu'ils pensent ce qu'ils disent; au lieu que les
hommes qui, étant nés sourds et muets, sont privés des
organes qui servent aux autres pour parler, autant ou plus
que les bêtes, ont coutume d'inventer d'eux-mêmes quelques signes par lesquels ils se font entendre à ceux qui,
étant ordinairement avec eux, ont loisir d'apprendre leur
langue. Et ceci ne témoigne pas seulement que les bêtes

ont moins de raison que les hommes, mais qu'elles n'en ont point du tout[1] ; car on voit qu'il n'en faut que fort peu pour savoir parler; et d'autant qu'on remarque de l'inégalité entre les animaux d'une même espèce aussi bien qu'entre les hommes, et que les uns sont plus aisés à dresser que les autres, il n'est pas croyable qu'un singe ou un perroquet qui serait des plus parfaits de son espèce n'égalât en cela un enfant des plus stupides, ou du moins un enfant qui aurait le cerveau troublé, si leur âme n'était d'une nature du tout différente de la nôtre. Et on ne doit pas confondre les paroles avec les mouvements naturels, qui témoignent les passions, et peuvent être imités par des machines aussi bien que par les animaux, ni penser, comme quelques anciens, que les bêtes parlent, bien que nous n'entendions pas leur langage; car s'il était vrai, puisqu'elles ont plusieurs organes qui se rapportent aux nôtres, elles pourraient aussi bien se faire entendre à nous qu'à leurs semblables. C'est aussi une chose fort remarquable que, bien qu'il y ait plusieurs animaux qui témoignent plus d'industrie que nous en quelques-unes de leurs actions, on voit toutefois que les mêmes n'en témoignent point du tout en beaucoup d'autres; de façon que ce qu'ils font mieux que nous ne prouve pas qu'ils ont de l'esprit, car à ce compte ils en auraient plus qu'aucun de nous et feraient mieux en toute autre chose, mais plutôt qu'ils n'en ont point, et que c'est la nature qui agit en eux selon la disposition de leurs organes, ainsi qu'on voit qu'une horloge, qui n'est composée que de roues et de ressorts, peut compter les heures et mesurer le temps plus justement que nous avec toute notre prudence.

J'avais décrit après cela l'âme raisonnable, et fait voir qu'elle ne peut aucunement être tirée de la puissance de la matière[2], ainsi que les autres choses dont j'avais parlé, mais qu'elle doit expressément être créée, et comment il ne suffit pas qu'elle soit logée dans le corps humain,

1. Sur l'automatisme des bêtes, voyez l'*Éclaircissement IX*, page 128.
2. Passage important. C'est par là que le système de Descartes se distingue des explications purement mécanistes de l'univers. Il y a deux parties bien distinctes et irréductibles dans le monde : l'étendue, avec toutes ses modifications, et la pensée.

ainsi qu'un pilote en son navire[1], sinon peut-être pour
mouvoir ses membres; mais qu'il est besoin qu'elle soit
jointe et unie plus étroitement avec lui, pour avoir outre
cela des sentiments et des appétits semblables aux nôtres,
et ainsi composer un vrai homme. Au reste, je me suis ici
un peu étendu sur le sujet de l'âme, à cause qu'il est des
plus importants; car, après l'erreur de ceux qui nient Dieu,
laquelle je pense avoir ci-dessus assez réfutée, il n'y en a
point qui éloigne plutôt les esprits faibles du droit chemin
de la vertu, que d'imaginer que l'âme des bêtes soit de
même nature que la nôtre, et que par conséquent nous
n'avons rien à craindre ni à espérer après cette vie, non
plus que les mouches et les fourmis; au lieu que lorsqu'on
sait combien elles diffèrent, on comprend beaucoup mieux
les raisons qui prouvent que la nôtre est d'une nature
entièrement indépendante du corps, et par conséquent
qu'elle n'est point sujette à mourir avec lui; puis, d'autant
qu'on ne voit point d'autres causes qui la détruisent, on
est naturellement porté à juger de là qu'elle est immortelle.

SIXIÈME PARTIE.

Quelles choses sont requises pour aller plus avant
en la recherche de la nature.

Or il y a maintenant trois ans que j'étais parvenu à la
fin du traité qui contient toutes ces choses, et que je com-
mençais à le revoir afin de le mettre entre les mains d'un
imprimeur, lorsque j'appris que des personnes à qui je
défère, et dont l'autorité ne peut guère moins sur mes
actions que ma propre raison sur mes pensées, avaient
désapprouvé une opinion de physique publiée un peu au-

---

1. Personne n'a distingué plus nettement que Descartes l'âme et le
corps : néanmoins il reconnaît et constate l'union intime de l'âme et
du corps, l'action réciproque de l'une sur l'autre, comme un fait indé-
niable. Bossuet dit aussi dans le même sens : « L'homme est un tout
naturel. »

paravant par quelque autre [1], de laquelle je ne veux pas
dire que je fusse, mais bien que je n'y avais rien remarqué avant leur censure que je pusse imaginer être préju-
diciable ni à la religion ni à l'État, ni par conséquent qui
m'eût empêché de l'écrire si la raison me l'eût persuadé;
et que cela me fit craindre qu'il ne s'en trouvât tout de
même quelqu'une entre les miennes en laquelle je me
fusse mépris, nonobstant le grand soin que j'ai toujours
eu de n'en point recevoir de nouvelles en ma créance dont
je n'eusse des démonstrations très certaines et de n'en
point écrire qui pussent tourner au désavantage de personne. Ce qui a été suffisant pour m'obliger à changer la
résolution que j'avais eue de les publier; car, encore que
les raisons pour lesquelles je l'avais prise auparavant fussent très fortes, mon inclination, qui m'a toujours fait haïr
le métier de faire des livres, m'en fit incontinent trouver
assez d'autres pour m'en excuser. Et ces raisons de part
et d'autre sont telles que non seulement j'ai ici quelque
intérêt de les dire, mais peut-être aussi que le public en
a de les savoir.

Je n'ai jamais fait beaucoup d'état de choses qui venaient
de mon esprit; et pendant que je n'ai recueilli d'autres
fruits de la méthode dont je me sers, sinon que je me suis
satisfait touchant quelques difficultés qui appartiennent
aux sciences spéculatives, ou bien que j'ai tâché de régler
mes mœurs par les raisons qu'elle m'enseignait, je n'ai
point cru être obligé d'en rien écrire. Car, pour ce qui
touche les mœurs, chacun abonde si fort en son sens qu'il
se pourrait trouver autant de réformateurs que de têtes,
s'il était permis à d'autres qu'à ceux que Dieu a établis
pour souverains sur ses peuples, ou bien auxquels il a
donné assez de grâce et de zèle pour être prophètes, d'entreprendre d'y rien changer; et, bien que mes spéculations

---

1. Allusion à la condamnation de Galilée. Descartes partageait réellement l'opinion du célèbre physicien : « Si le mouvement de la terre
est faux, dit-il dans une lettre au P. Mersenne, tous les fondements
de ma philosophie le sont aussi, car il se démontre par eux évidemment; et il est tellement lié avec toutes les parties de mon traité, que
je ne l'en saurais détacher sans rendre tout le reste défectueux. » On
comprend pourquoi Descartes aima mieux ne pas publier son *Traité du
monde ou de la lumière* que d'y introduire des corrections.

me plussent fort, j'ai cru que les autres en avaient aussi
qui leur plaisaient peut-être davantage. Mais sitôt que j'ai
eu acquis quelques notions générales touchant la physique,
et que, commençant à les éprouver en diverses difficultés
particulières, j'ai remarqué jusques où elles peuvent conduire, et combien elles diffèrent des principes dont on
s'est servi jusques à présent, j'ai cru que je ne pouvais les
tenir cachées sans pécher grandement contre la loi qui
nous oblige à procurer autant qu'il est en nous le bien
général de tous les hommes; car elles m'ont fait voir qu'il
est possible de parvenir à des connaissances qui soient fort
utiles à la vie, et qu'au lieu de cette philosophie spécula-
tive qu'on enseigne dans les écoles, on en peut trouver une
pratique par laquelle, connaissant la force et les actions
du feu, de l'eau, de l'air, des astres, des cieux, et de tous
les autres corps qui nous environnent, aussi distinctement
que nous connaissons les divers métiers de nos artisans,
nous les pourrions employer en même façon à tous les
usages auxquels ils sont propres, et ainsi nous rendre
comme maîtres et possesseurs de la nature [1]. Ce qui n'est
pas seulement à désirer pour l'invention d'une infinité
d'artifices qui feraient qu'on jouirait sans aucune peine des
fruits de la terre et de toutes les commodités qui s'y trouvent, mais principalement aussi pour la conservation de
la santé, laquelle est sans doute le premier bien et le fondement de tous les autres biens de cette vie; car même
l'esprit dépend si fort du tempérament et de la disposition
des organes du corps, que, s'il est possible de trouver
quelque moyen qui rende communément les hommes plus
sages et plus habiles qu'ils n'ont été jusques ici, je crois
que c'est dans la médecine qu'on doit le chercher. Il est
vrai que celle qui est maintenant en usage contient peu
de choses dont l'utilité soit si remarquable; mais, sans que
j'aie aucun dessein de la mépriser, je m'assure qu'il n'y a
personne, même de ceux qui en font profession, qui
n'avoue que tout ce qu'on y sait n'est presque rien à com-

1. On voit que Descartes a eu le pressentiment très net des grands
progrès que la science devait accomplir et des services qu'elle devait
rendre.

paraison de ce qui reste à y savoir, et qu'on se pourrait exempter d'une infinité de maladies tant du corps que de l'esprit, et même aussi peut-être de l'affaiblissement de la vieillesse, si on avait assez de connaissance de leurs causes et de tous les remèdes dont la nature nous a pourvus. Or, ayant dessein d'employer toute ma vie à la recherche d'une science si nécessaire, et ayant rencontré un chemin qui me semble tel qu'on doit infailliblement la trouver en le suivant, si ce n'est qu'on en soit empêché ou par la brièveté de la vie ou par le défaut des expériences, je jugeais qu'il n'y avait point de meilleur remède contre ces deux empêchements que de communiquer fidèlement au public tout le peu que j'aurais trouvé, et de convier les bons esprits à tâcher de passer plus outre, en contribuant, chacun selon son inclination et son pouvoir, aux expériences qu'il faudrait faire, et communiquant aussi au public toutes les choses qu'ils apprendraient, afin que les derniers commençant où les précédents auraient achevé, et ainsi joignant les vies et les travaux de plusieurs, nous allassions tous ensemble beaucoup plus loin que chacun en particulier ne saurait faire.

Même je remarquais, touchant les expériences, qu'elles sont d'autant plus nécessaires qu'on est plus avancé en connaissance; car, pour le commencement, il vaut mieux ne se servir que de celles qui se présentent d'elles-mêmes à nos sens, et que nous ne saurions ignorer pourvu que nous y fassions tant soit peu de réflexion, que d'en chercher de plus rares et étudiées : dont la raison est que ces plus rares trompent souvent, lorsqu'on ne sait pas encore les causes des plus communes, et que les circonstances dont elles dépendent sont quasi toujours si particulières et si petites qu'il est très malaisé de les remarquer. Mais l'ordre que j'ai tenu en ceci a été tel : premièrement, j'ai tâché de trouver en général les principes aux premières causes de tout ce qui est ou qui peut être dans le monde, sans rien considérer pour cet effet que Dieu seul qui l'a créé, ni les tirer d'ailleurs que de certaines semences de vérités qui sont naturellement en nos âmes. Après cela, j'ai examiné quels étaient les premiers et plus ordinaires effets qu'on pouvait déduire de ces causes; et il me semble

que par là j'ai trouvé des cieux, des astres, une terre, et
même sur la terre de l'eau, de l'air, du feu, des minéraux,
et quelques autres telles choses qui sont les plus communes de toutes et les plus simples, et par conséquent les
plus aisées à connaître. Puis, lorsque j'ai voulu descendre
à celles qui étaient plus particulières, il s'en est tant pré-
senté à moi de diverses, que je n'ai pas cru qu'il fût possible à l'esprit humain de distinguer les formes ou espèces
de corps qui sont sur la terre d'une infinité d'autres qui
pourraient y être si c'eût été le vouloir de Dieu de les
y mettre, ni par conséquent de les rapporter à notre usage,
si ce n'est qu'on vienne au-devant des causes par les
effets, et qu'on se serve de plusieurs expériences particulières [1]. En suite de quoi, repassant mon esprit sur tous les
objets qui s'étaient jamais présentés à mes sens, j'ose bien
dire que je n'y ai remarqué aucune chose que je ne pusse
assez commodément expliquer par les principes que
j'avais trouvés. Mais il faut aussi que j'avoue que la puissance de la nature est si ample et si vaste, et que ces
principes sont si simples et si généraux, que je ne remarque quasi plus aucun effet particulier que d'abord je ne
connaisse qu'il peut en être déduit en plusieurs diverses
façons, et que ma plus grande difficulté est d'ordinaire de
trouver en laquelle de ces façons il en dépend ; car à cela
je ne sais point d'autre expédient que de chercher derechef quelques expériences qui soient telles que leur événement ne soit pas le même si c'est en l'une de ces façons
qu'on doit l'expliquer, que si c'est en l'autre. Au reste,
j'en suis maintenant là que je vois, ce me semble, assez
bien de quel biais on se doit prendre à faire la plupart de
celles qui peuvent servir à cet effet ; mais je vois aussi

---

1. Passage curieux, qui montre bien en quoi consiste la méthode
de Descartes. Il parle souvent, ici surtout, de faire des expériences, et
ses biographes nous rapportent qu'il en faisait beaucoup. C'est pourquoi on l'a parfois considéré comme un partisan de la méthode expérimentale : rien n'est plus inexact, et ce passage le montre bien. L'expérience n'a pour lui qu'une importance toute secondaire : il ne faut y
recourir que quand l'autre méthode, la méthode rationnelle, qui est la
vraie, selon lui, ne suffit plus. C'est seulement pour déterminer les
détails, les particularités, que l'expérience est utile : les grandes vérités, les lois générales se découvrent sans elle, *a priori*.

qu'elles sont telles et en si grand nombre, que ni mes mains ni mon revenu, bien que j'en eusse mille fois plus que je n'en ai, ne sauraient suffire pour toutes; en sorte que, selon que j'aurai désormais la commodité d'en faire plus ou moins, j'avancerai aussi plus ou moins en la connaissance de la nature : ce que je me promettais de faire connaître par le traité que j'avais écrit, et d'y montrer si clairement l'utilité que le public en peut recevoir, que j'obligerais tous ceux qui désirent en général le bien des hommes, c'est-à-dire tous ceux qui sont en effet vertueux, et non point par faux semblant ni seulement par opinion, tant à me communiquer celles qu'ils ont déjà faites qu'à m'aider en la recherche de celles qui restent à faire.

Mais j'ai eu depuis ce temps-là d'autres raisons qui m'ont fait changer d'opinion, et penser que je devais véritablement continuer d'écrire toutes les choses que je jugerais de quelque importance, à mesure que j'en découvrirais la vérité, et y apporter le même soin que si je les voulais faire imprimer, tant afin d'avoir d'autant plus d'occasion de les bien examiner, comme sans doute on regarde toujours de plus près à ce qu'on croit devoir être vu par plusieurs qu'à ce qu'on ne fait que pour soi-même; (et souvent les choses qui m'ont semblé vraies lorsque j'ai commencé à les concevoir m'ont paru fausses lorsque je les ai voulu mettre sur le papier), qu'afin de ne perdre aucune occasion de profiter au public, si j'en suis capable, et que si mes écrits valent quelque chose, ceux qui les auront après ma mort en puissent user ainsi qu'il sera le plus à propos; mais que je ne devais aucunement consentir qu'ils fussent publiés pendant ma vie, afin que ni les oppositions et controverses auxquelles ils seraient peut-être sujets, ni même la réputation telle quelle qu'ils me pourraient acquérir, ne me donnassent aucune occasion de perdre le temps que j'ai dessein d'employer à m'instruire. Car, bien qu'il soit vrai que chaque homme est obligé de procurer autant qu'il est en lui le bien des autres, et que c'est proprement ne valoir rien que de n'être utile à personne, toutefois il est vrai aussi que nos soins se doivent étendre plus loin que le temps présent, et qu'il est bon d'omettre les choses qui apporteraient

peut-être quelque profit à ceux qui vivent, lorsque c'est à
dessein d'en faire d'autres qui en apportent davantage à
nos neveux. Comme en effet je veux bien qu'on sache que
le peu que j'ai appris jusques ici n'est presque rien à
comparaison de ce que j'ignore et que je ne désespère pas
de pouvoir apprendre ; car c'est quasi le même de ceux qui
découvrent peu à peu la vérité dans les sciences que de
ceux qui, commençant à devenir riches, ont moins de
peine à faire de grandes acquisitions qu'ils n'ont eu auparavant, étant plus pauvres, à en faire de beaucoup moindres. Ou bien on peut les comparer aux chefs d'armée,
dont les forces ont coutume de croître à proportion de
leurs victoires, et qui ont besoin de plus de conduite pour
se maintenir après la perte d'une bataille qu'ils n'ont,
après l'avoir gagnée, à prendre des villes et des pro-
vinces ; car c'est véritablement donner des batailles que
de tâcher à vaincre toutes les difficultés et les erreurs qui
nous empêchent de parvenir à la connaissance de la
vérité, et c'est en perdre une que de recevoir quelque
fausse opinion touchant une matière un peu générale et
importante ; il faut après beaucoup plus d'adresse pour se
remettre au même état qu'on était auparavant, qu'il ne
faut à faire de grands progrès lorsqu'on a déjà des principes qui sont assurés. Pour moi, si j'ai ci-devant trouvé
quelques vérités dans les sciences (et j'espère que les
choses qui sont contenues en ce volume [1] feront juger
que j'en ai trouvé quelques-unes), je puis dire que ce ne
sont que des suites et des dépendances de cinq ou six
principales difficultés que j'ai surmontées, et que je
compte pour autant de batailles où j'ai eu l'heur de mon
côté : même je ne craindrai pas de dire que je pense
n'avoir plus besoin d'en gagner que deux ou trois autres
semblables pour venir entièrement à bout de mes desseins, et que mon âge n'est point si avancé que, selon le
cours ordinaire de la nature, je ne puisse encore avoir
assez de loisir pour cet effet. Mais je crois être d'autant
plus obligé à ménager le temps qui me reste, que j'ai plus

---

1. Ce volume, nous l'avons dit, contenait, outre le *Discours de la
Méthode*, la *Dioptrique* et les *Météores*.

d'espérance de le pouvoir bien employer; et j'aurais sans doute plusieurs occasions de le perdre si je publiais les fondements de ma physique; car encore qu'ils soient presque tous si évidents qu'il ne faut que les entendre pour les croire, et qu'il n'y en ait aucun dont je ne pense pouvoir donner des démonstrations, toutefois, à cause qu'il est impossible qu'ils soient accordants avec toutes les diverses opinions des autres hommes, je prévois que je serais souvent diverti par les oppositions qu'ils feraient naître.

On peut dire que ces oppositions seraient utiles tant afin de me faire connaître mes fautes, qu'afin que, si j'avais quelque chose de bon, les autres en eussent par ce moyen plus d'intelligence; et, comme plusieurs peuvent plus voir qu'un homme seul, que, commençant dès maintenant à s'en servir, ils m'aidassent aussi de leurs inventions. Mais encore que je me reconnaisse extrêmement sujet à faillir, et que je ne me fie quasi jamais aux premières pensées qui me viennent, toutefois l'expérience que j'ai des objections qu'on me peut faire m'empêche d'en espérer aucun profit : car j'ai déjà souvent éprouvé les jugements tant de ceux que j'ai tenus pour mes amis que de quelques autres à qui je pensais être indifférent, et même aussi de quelques-uns dont je savais que la malignité et l'envie tâcherait assez à découvrir ce que l'affection cacherait à mes amis; mais il est rarement arrivé qu'on m'ait objecté quelque chose que je n'eusse point du tout prévu, si ce n'est qu'elle fût fort éloignée de mon sujet, en sorte que je n'ai quasi jamais rencontré aucun censeur de mes opinions qui ne me semblât ou moins rigoureux ou moins équitable que moi-même. Et je n'ai jamais remarqué non plus que, par le moyen des disputes qui se pratiquent dans les écoles, on ait découvert aucune vérité qu'on ignorât auparavant; car pendant que chacun tâche de vaincre, on s'exerce bien plus à faire valoir la vraisemblance qu'à peser les raisons de part et d'autre; et ceux qui ont été longtemps bons avocats ne sont pas pour cela par après meilleurs juges.

Pour l'utilité que les autres recevraient de la communication de mes pensées, elle ne pourrait aussi être fort grande, d'autant que je ne les ai point encore conduites si loin qu'il ne soit besoin d'y ajouter beaucoup de choses

avant que de les appliquer à l'usage. Et je pense pouvoir
dire sans vanité que s'il y a quelqu'un qui en soit capable,
ce doit être plutôt moi qu'aucun autre : non pas qu'il ne
puisse y avoir au monde plusieurs esprits incomparablement meilleurs que le mien, mais pour ce qu'on ne saurait
si bien concevoir une chose et la rendre sienne, lorsqu'on
l'apprend de quelque autre, que lorsqu'on l'invente soi-
même. Ce qui est si véritable en cette matière, que, bien
que j'aie souvent expliqué quelques-unes de mes opinions
à des personnes de très bon esprit, et qui, pendant que je
leur parlais, semblaient les entendre fort distinctement,
toutefois, lorsqu'ils les ont redites, j'ai remarqué qu'ils
les ont changées presque toujours, en telle sorte que je ne
les pouvais plus avouer pour miennes[1]. A l'occasion de
quoi je suis bien aise de prier ici nos neveux de ne croire
jamais que les choses qu'on leur dira viennent de moi,
lorsque je ne les aurai point moi-même divulguées; et je
ne m'étonne aucunement des extravagances qu'on attribue à tous ces anciens philosophes dont nous n'avons point
les écrits, ni ne juge pas pour cela que leurs pensées
aient été fort déraisonnables, vu qu'ils étaient des meilleurs esprits de leurs temps, mais seulement qu'on nous
les a mal rapportées. Comme on voit aussi que presque
jamais il n'est arrivé qu'aucun de leurs sectateurs les ait
surpassés ; et je m'assure que les plus passionnés de ceux
qui suivent maintenant Aristote se croiraient heureux s'ils
avaient autant de connaissance de la nature qu'il en a eu,
encore même que ce fût à condition qu'ils n'en auraient jamais davantage. Ils sont comme le lierre qui ne tend point
à monter plus haut que les arbres qui le soutiennent, et,
même souvent qui redescend après qu'il est parvenu jusques à leur faîte; car il me semble aussi que ceux-là re-
descendent, c'est-à-dire se rendent en quelque façon moins
savants que s'ils s'abstenaient d'étudier, lesquels, non
contents de savoir tout ce qui est intelligiblement expliqué dans leur auteur, veulent outre cela y trouver la solution de plusieurs difficultés dont il ne dit rien, et aux-

1. Descartes eut de son vivant à répudier les interprétations que
quelques disciples donnaient de sa doctrine, ou les conséquences qu'ils
en tiraient.

quelles il n'a peut-être jamais pensé. Toutefois leur façon de philosopher est fort commode pour ceux qui n'ont que des esprits fort médiocres; car l'obscurité des distinctions et des principes dont ils se servent est cause qu'ils peuvent parler de toutes choses aussi hardiment que s'ils les savaient, et soutenir tout ce qu'ils en disent contre les plus subtils et les plus habiles, sans qu'on ait moyen de les convaincre : en quoi ils me semblent pareils à un aveugle qui, pour se battre sans désavantage contre un qui voit, l'aurait fait venir dans le fond de quelque cave fort obscure; et je puis dire que ceux-ci ont intérêt que je m'abstienne de publier les principes de la philosophie dont je me sers; car étant très simples et très évidents comme ils sont, je ferais quasi le même en les publiant que si j'ouvrais quelques fenêtres et faisais entrer du jour dans cette cave où ils sont descendus pour se battre. Mais même les meilleurs esprits n'ont pas occasion de souhaiter de les connaître; car s'ils veulent savoir parler de toutes choses et acquérir la réputation d'être doctes, ils y parviendront plus aisément en se contentant de la vraisemblance, qui peut être trouvée sans grande peine en toutes sortes de matières, qu'en cherchant la vérité, qui ne se découvre que peu à peu en quelques-unes, et qui, lorsqu'il est question de parler des autres, oblige à confesser franchement qu'on les ignore. Que s'ils préfèrent la connaissance de quelque peu de vérité à la vanité de paraître n'ignorer rien, comme sans doute elle est bien préférable, et qu'ils veuillent suivre un dessein semblable au mien, ils n'ont pas besoin pour cela que je leur die rien davantage que ce que j'ai déjà dit en ce discours : car s'ils sont capables de passer plus outre que je n'ai fait, ils le seront aussi, à plus forte raison, de trouver d'eux-mêmes tout ce que je pense avoir trouvé; d'autant que, n'ayant jamais rien examiné que par ordre, il est certain que ce qui me reste encore à découvrir est de soi plus difficile et plus caché que ce que j'ai pu ci-devant rencontrer, et ils auraient bien moins de plaisir à l'apprendre de moi que d'eux-mêmes; outre que l'habitude qu'ils acquerront en cherchant premièrement des choses faciles, et passant peu à peu par degrés à d'autres plus

difficiles, leur servira plus que toutes mes instructions ne
sauraient faire. Comme pour moi je me persuade que si
on m'eût enseigné dès ma jeunesse toutes les vérités dont
j'ai cherché depuis les démonstrations, et que je n'eusse
eu aucune peine à les apprendre, je n'en aurais peut-être
jamais su aucunes autres, et du moins que jamais je n'aurais
acquis l'habitude et la facilité que je pense avoir d'en trouver toujours de nouvelles à mesure que je m'applique à les
chercher. Et, en un mot, s'il y a au monde quelque ouvrage
qui ne puisse être si bien achevé par aucun autre que par
le même qui l'a commencé, c'est celui auquel je travaille.

Il est vrai que pour ce qui est des expériences qui peuvent y servir, un homme seul ne saurait suffire à les
faire toutes; mais il n'y saurait aussi employer utilement
d'autres mains que les siennes, sinon celles des artisans
ou telles gens qu'il pourrait payer, et à qui l'espérance du
gain, qui est un moyen très efficace, ferait faire exactement toutes les choses qu'il leur prescrirait. Car pour les
volontaires qui, par curiosité ou désir d'apprendre, s'offriraient peut-être de lui aider, outre qu'ils ont pour l'ordinaire plus de promesses que d'effet, et qu'ils ne font
que de belles propositions dont aucune jamais ne réussit,
ils voudraient infailliblement être payés par l'explication
de quelques difficultés, ou du moins par des compliments
et des entretiens inutiles qui ne lui sauraient coûter si
peu de son temps qu'il n'y perdît. Et pour les expériences
que les autres ont déjà faites, quand bien même ils les
lui voudraient communiquer, ce que ceux qui les nomment des secrets ne feraient jamais, elles sont pour la
plupart composées de tant de circonstances ou d'ingré-
dients superflus, qu'il lui serait très malaisé d'en déchif-
frer la vérité; outre qu'il les trouverait presque toutes si
mal expliquées ou même si fausses, à cause que ceux qui
les ont faites se sont efforcés de les faire paraître conformes à leurs principes, que s'il y en avait quelques-unes
qui lui servissent, elles ne pourraient derechef valoir le
temps qu'il lui faudrait employer à les choisir. De façon
que s'il y avait au monde quelqu'un qu'on sût assurément
être capable de trouver les plus grandes choses et les plus
utiles au public qui puissent être, et que pour cette cause

les autres hommes s'efforçassent par tous moyens de l'aider à venir à bout de ses desseins, je ne vois pas qu'ils pussent autre chose pour lui, sinon fournir aux frais des expériences dont il aurait besoin, et du reste empêcher que son loisir ne lui fût ôté par l'importunité de personne. Mais outre que je ne présume pas tant de moi-même que de vouloir rien promettre d'extraordinaire, ni ne me repais point de pensées si vaines que de m'imaginer que le public se doive beaucoup intéresser en mes desseins, je n'ai pas aussi l'âme si basse que je voulusse accepter de qui que ce fût aucune faveur qu'on pût croire que je n'aurais pas méritée.

Toutes ces considérations jointes ensemble furent cause, il y a trois ans, que je ne voulus point divulguer le traité que j'avais entre les mains, et même que je fus en résolution de n'en faire voir aucun autre pendant ma vie qui fût si général, ni duquel on pût entendre les fondements de ma physique. Mais il y a eu depuis derechef deux autres raisons qui m'ont obligé à mettre ici quelques essais particuliers, et à rendre au public quelque compte de mes actions et de mes desseins : la première est que si j'y manquais, plusieurs, qui ont su l'intention que j'avais eue ci-devant de faire imprimer quelques écrits, pourraient s'imaginer que les causes pour lesquelles je m'en abstiens seraient plus à mon désavantage qu'elles ne sont ; car, bien que je n'aime pas la gloire par excès, ou même, si je l'ose dire, que je la haïsse en tant que je la juge contraire au repos, lequel j'estime sur toutes choses, toutefois aussi je n'ai jamais tâché de cacher mes actions comme des crimes, ni n'ai usé de beaucoup de précautions pour être inconnu, tant à cause que j'eusse cru me faire tort, qu'à cause que cela m'aurait donné quelque espèce d'inquiétude qui eût derechef été contraire au parfait repos d'esprit que je cherche ; et pour ce que, m'étant toujours ainsi tenu indifférent entre le soin d'être connu ou ne l'être pas, je n'ai pu empêcher que je n'acquisse quelque sorte de réputation, j'ai pensé que je devais faire mon mieux pour m'exempter au moins de l'avoir mauvaise. L'autre raison qui m'a obligé à écrire ceci est que, voyant tous les jours de plus en plus le retardement que

souffre le dessein que j'ai de m'instruire, à cause d'une
infinité d'expériences dont j'ai besoin, et qu'il est impossible que je fasse sans l'aide d'autrui, bien que je ne
me flatte pas tant que d'espérer que le public prenne
grande part en mes intérêts, toutefois je ne veux pas
aussi me défaillir tant à moi-même que de donner sujet
à ceux qui me survivront de me reprocher quelque jour
que j'eusse pu leur laisser plusieurs choses beaucoup
meilleures que je n'aurais fait, si je n'eusse point trop négligé de leur faire entendre en quoi ils pouvaient contribuer à mes desseins.

Et j'ai pensé qu'il m'était aisé de choisir quelques matières qui, sans être sujettes à beaucoup de controverses,
ni m'obliger à déclarer davantage de mes principes que je
ne désire[1], ne lairraient pas de faire voir assez clairement ce que je puis ou ne puis pas dans les sciences. En
quoi je ne saurais dire si j'ai réussi, et je ne veux point
prévenir les jugements de personne en parlant moi-même
de mes écrits; mais je serai bien aise qu'on les examine;
et afin qu'on en ait d'autant plus d'occasion, je supplie
tous ceux qui auront quelques objections à y faire de
prendre la peine de les envoyer à mon libraire, par lequel en étant averti, je tâcherai d'y joindre ma réponse
en même temps[2]; et par ce moyen les lecteurs, voyant
ensemble l'un et l'autre, jugeront d'autant plus aisément
de la vérité; car je ne promets pas d'y faire jamais de
longues réponses, mais seulement d'avouer mes fautes fort
franchement, si je les connais; ou bien, si je ne les puis
apercevoir, de dire simplement ce que je croirai être requis pour la défense des choses que j'ai écrites, sans y
ajouter l'explication d'aucune nouvelle matière, afin de ne
me pas engager sans fin de l'une en l'autre.

Que si quelques-unes de celles dont j'ai parlé au com-

1. Descartes a toujours observé cette règle de prudence : il s'entou-
rait volontiers de mystère. C'est pourquoi il est difficile encore aujour-
d'hui de démêler sa pensée véritable sur certaines questions délicates,
et d'aller au fond de son système.

2. Un grand nombre d'objections furent en effet adressées à Descartes, notamment par Catérus, Hobbes, le grand Arnauld, Gassendi,
un inconnu, d'un esprit très fin et pénétrant, dissimulé sous le nom de
Hyperaspites et bien d'autres. Nous avons les réponses qu'il y fit, et
qui contribuent à éclairer quelques points de son système.

mencement de la *Dioptrique* et des *Météores* choquent d'abord, à cause que je les nomme des suppositions et que je ne semble pas avoir envie de les prouver, qu'on ait la patience de lire le tout avec attention, et j'espère qu'on s'en trouvera satisfait ; car il me semble que les raisons s'y entre-suivent en telle sorte que, comme les dernières sont démontrées par les premières qui sont leurs causes, ces premières le sont réciproquement par les dernières qui sont leurs effets. Et on ne doit pas imaginer que je commette en ceci la faute que les logiciens nomment un cercle ; car l'expérience rendant la plupart de ces effets très certains, les causes dont je les déduis ne servent pas tant à les prouver qu'à les expliquer ; mais tout au contraire ce sont elles qui sont prouvées par eux. Et je ne les ai nommées des suppositions qu'afin qu'on sache que je pense les pouvoir déduire de ces premières vérités que j'ai ci-dessus expliquées ; mais que j'ai voulu expressément ne le pas faire, pour empêcher que certains esprits qui s'imaginent qu'ils savent en un jour tout ce qu'un autre a pensé en vingt années, sitôt qu'il leur en a seulement dit deux ou trois mots, et qui sont d'autant plus sujets à faillir et moins capables de la vérité qu'ils sont plus pénétrants et plus vifs, ne puissent de là prendre occasion de bâtir quelque philosophie extravagante sur ce qu'ils croiront être mes principes, et qu'on m'en attribue la faute ; car pour les opinions qui sont toutes miennes, je ne les excuse point comme nouvelles, d'autant que si on en considère bien les raisons, je m'assure qu'on les trouvera si simples et si conformes au sens commun, qu'elles sembleront moins extraordinaires et moins étranges qu'aucunes autres qu'on puisse avoir sur mêmes sujets ; et je ne me vante point aussi d'être le premier inventeur d'aucunes, mais bien que je ne les ai jamais reçues ni pour ce qu'elles avaient été dites par d'autres, ni pour ce qu'elles ne l'avaient point été, mais seulement pour ce que la raison me les a persuadées.

Que si les artisans ne peuvent sitôt exécuter l'invention qui est expliquée en la *Dioptrique*, je ne crois pas qu'on puisse dire pour cela qu'elle soit mauvaise ; car, d'autant qu'il faut de l'adresse et de l'habitude pour faire et pour ajuster les machines que j'ai décrites, sans qu'il y manque aucune circonstance, je ne m'étonnerais pas moins s'ils rencontraient du premier coup, que si quelqu'un pouvait apprendre en un jour à jouer du luth excellemment, par cela seul qu'on lui aurait donné de la tablature qui serait bonne. Et si j'écris en français, qui est la langue de mon pays[1], plutôt qu'en latin, qui est celle de mes précepteurs, c'est à cause que j'espère que ceux qui ne se servent que de leur raison naturelle toute pure jugeront mieux de mes opinions que ceux qui ne croient qu'aux livres anciens; et pour ceux qui joignent le bon sens avec l'étude, lesquels seuls je souhaite pour mes juges, ils ne seront point, je m'assure, si partiaux pour le latin, qu'ils refusent d'entendre mes raisons pour ce que je les explique en langue vulgaire.

Au reste, je ne veux point parler ici en particulier des progrès que j'ai espérance de faire à l'avenir dans les sciences, ni m'engager envers le public d'aucune promesse que je ne sois pas assuré d'accomplir; mais je dirai seulement que j'ai résolu de n'employer le temps qui me reste à vivre à autre chose qu'à tâcher d'acquérir quelque connaissance de la nature, qui soit telle qu'on en puisse tirer des règles pour la médecine plus assurées que celles qu'on a eues jusques à présent; et que mon inclination m'éloigne si fort de toute sorte d'autres desseins, principalement de ceux qui ne sauraient être utiles aux uns qu'en nuisant aux autres, que si quelques occasions me contraignaient de m'y employer, je ne crois point que je fusse capable d'y réussir. De quoi je fais ici une déclaration que je sais bien ne pouvoir servir à me rendre considérable dans le monde, mais aussi je n'ai aucunement envie de l'être; et je me tiendrai toujours plus obligé à ceux par la faveur desquels je jouirai sans empêchement de mon loisir, que je ne serais à ceux qui m'offriraient les plus honorables emplois de la terre.

1. C'était une hardiesse et une nouveauté, au temps de Descartes, d'écrire un livre de science en français. Il faut ajouter d'ailleurs que le livre fut peu lu après sa publication, et n'obtint pas du public auquel il était adressé tout le succès qu'en attendait l'auteur.

PREMIÈRE MÉDITATION [1]

DES CHOSES QUE L'ON PEUT RÉVOQUER EN DOUTE.

Ce n'est pas d'aujourd'hui que je me suis aperçu que, dès mes premières années, j'ai reçu quantité de fausses opinions pour véritables, et que ce que j'ai depuis fondé sur des principes si mal assurés ne saurait être que fort douteux et incertain; et dès lors j'ai bien jugé qu'il me fallait entreprendre sérieusement une fois en ma vie de me défaire de toutes les opinions que j'avais reçues auparavant en ma créance, et commencer tout de nouveau dès les fondements, si je voulais établir quelque chose de ferme et de constant dans les sciences. Mais cette entreprise me semblant être fort grande, j'ai attendu que j'eusse atteint un âge qui fût si mûr que je n'en pusse espérer d'autre après lui auquel je fusse plus propre à l'exécuter; ce qui m'a fait différer si longtemps que désormais je croirais commettre une faute, si j'employais encore à délibérer le temps qui me reste pour agir. Aujourd'hui donc que, fort à propos pour ce dessein, j'ai délivré mon esprit de toutes sortes de soins, que par bonheur je ne me sens agité d'aucunes passions [2], et que je me suis procuré un repos assuré dans une paisible solitude [3], je m'appliquerai sérieusement et avec liberté à détruire généralement toutes mes anciennes opinions. Or, pour cet effet, il ne sera pas nécessaire que je montre qu'elles sont toutes fausses, de quoi peut-être je ne viendrais jamais à bout. Mais, d'au-

---

1. Les *Méditations* furent d'abord écrites en latin et parurent en 1641 : le duc de Luynes en fit une traduction en français qui fut revue par Descartes (1647). C'est cette traduction que nous publions. Quelques additions furent faites par l'auteur au texte primitif. Nous les signalerons à l'occasion.
2. Phrase ajoutée au texte latin. Descartes insiste souvent sur ce repos d'esprit, ce calme ou cette *ataraxie*, qu'il regarde comme le souverain bien, à l'exemple des stoïciens, dont il s'inspire ici encore.
3. Descartes était alors en Hollande.

tant que la raison me persuade déjà que je ne dois pas moins soigneusement m'empêcher de donner créance aux choses qui ne sont pas entièrement certaines et indubitables qu'à celles qui me paraissent manifestement être fausses, ce me sera assez pour les rejeter toutes, si je puis trouver en chacune quelque raison de douter. Et pour cela il ne sera pas aussi besoin que je les examine chacune en particulier, ce qui serait d'un travail infini; mais, parce que la ruine des fondements entraîne nécessairement avec soi tout le reste de l'édifice, je m'attaquerai d'abord aux principes sur lesquels toutes mes anciennes opinions étaient appuyées.

Tout ce que j'ai reçu jusqu'à présent pour le plus vrai et assuré, je l'ai appris des sens ou par les sens; or j'ai quelquefois éprouvé que ces sens étaient trompeurs, et il est de la prudence de ne se fier jamais entièrement à ceux qui nous ont une fois trompés.

Mais peut-être qu'encore que les sens nous trompent quelquefois touchant des choses fort peu sensibles et fort éloignées, il s'en rencontre néanmoins beaucoup d'autres desquelles on ne peut pas raisonnablement douter, quoique nous les connaissions par leur moyen: par exemple, que je suis ici, assis auprès du feu, vêtu d'une robe de chambre, ayant ce papier entre les mains, et autres choses de cette nature. Et comment est-ce que je pourrais nier que ces mains et ce corps soient à moi? si ce n'est peut-être que je me compare à certains insensés, de qui le cerveau est tellement troublé et offusqué par les noires vapeurs de la bile, qu'ils assurent constamment qu'ils sont des rois, lorsqu'ils sont très pauvres; qu'ils sont vêtus d'or et de pourpre, lorsqu'ils sont tout nus, ou qui s'imaginent être des cruches ou avoir un corps de verre. Mais quoi! ce sont des fous et je ne serais pas moins extravagant si je me réglais sur leurs exemples.

Toutefois j'ai ici à considérer que je suis homme, et par conséquent que j'ai coutume de dormir et de me représenter en mes songes les mêmes choses, ou quelquefois de moins vraisemblables que ces insensés lorsqu'ils veillent. Combien de fois m'est-il arrivé de songer la nuit que j'étais en ce lieu, que j'étais habillé, que j'étais auprès du feu, quoique je fusse tout nu dedans mon lit! Il me semble bien à présent que ce n'est point avec des yeux endormis que je regarde ce papier; que cette tête que je branle n'est point assoupie; que c'est avec dessein et de propos délibéré que j'étends cette main et que je la sens : ce qui arrive dans le sommeil ne semble point si clair ni si distinct que tout ceci. Mais, en y pensant soigneusement, je me ressouviens d'avoir souvent été trompé en dormant par de semblables illusions; et, en m'arrêtant sur cette pensée, je vois si manifestement qu'il n'y a point d'indices certains par où l'on puisse distinguer nettement la veille d'avec le sommeil, que j'en suis tout étonné; et mon étonnement est tel qu'il est presque capable de me persuader que je dors [1].

Supposons donc maintenant que nous sommes endormis, et que toutes ces particularités, à savoir que nous ouvrons les yeux, que nous branlons la tête, que nous étendons les mains, et choses semblables, ne sont que de fausses illusions; et pensons que peut-être nos mains ni tout notre corps ne sont pas tels que nous les voyons. Toutefois il faut au moins avouer que les choses qui nous sont représentées dans le sommeil sont comme des tableaux et des peintures qui ne peuvent être formés qu'à la ressemblance de quelque chose de réel et de véritable, et qu'ainsi, pour le moins, ces choses générales, à savoir des yeux, une tête, des mains, et tout un corps, ne sont pas choses imaginaires, mais réelles et existantes. Car de vrai les peintres, lors même qu'ils s'étudient avec le plus d'artifice à représenter des sirènes et des satyres par des figures bizarres et extraordinaires, ne peuvent toutefois leur donner des formes et des natures entièrement nouvelles, mais font seulement un certain mélange et composition des membres de divers animaux; ou bien si peut-être leur imagination est assez extravagante pour inventer quelque chose de si nouveau que jamais on n'ait rien vu de semblable, et qu'ainsi leur ouvrage représente une chose purement feinte et absolument fausse, certes à tout

---

1. C'est dans la VI⁰ Méditation que Descartes résout la diu...ulté qu'il signale ici.

le moins les couleurs dont ils les composent doivent-elles être véritables.

Et par la même raison, encore que ces choses générales, à savoir un corps, des yeux, une tête, des mains, et autres semblables, puissent être imaginaires, toutefois il faut nécessairement avouer qu'il y en a au moins quelques autres encore plus simples et plus universelles qui sont vraies et existantes, du mélange desquelles, ni plus ni moins que de celui de quelques véritables couleurs, toutes ces images des choses qui résident en notre pensée, soit vraies et réelles, soit feintes et fantastiques, sont formées [1].

De ce genre de choses est la nature corporelle en général et son étendue, ensemble la figure des choses étendues, leur quantité ou grandeur, et leur nombre, comme aussi le lieu où elles sont, le temps qui mesure leur durée, et autres semblables. C'est pourquoi peut-être que de là nous ne conclurons pas mal si nous disons que la physique, l'astronomie, la médecine, et toutes les autres sciences qui dépendent de la considération des choses composées, sont fort douteuses et incertaines, mais que l'arithmétique, la géométrie, et les autres sciences de cette nature, qui ne traitent que de choses fort simples et fort générales, sans se mettre beaucoup en peine si elles sont dans la nature ou si elles n'y sont pas, contiennent quelque chose de certain et d'indubitable; car, soit que je veille ou que je dorme, deux et trois joints ensemble formeront toujours le nombre de cinq, et le carré n'aura jamais plus de quatre côtés; et il ne semble pas possible que des vérités si claires et si apparentes puissent être soupçonnées d'aucune fausseté ou d'incertitude.

Toutefois il y a longtemps que j'ai dans mon esprit une certaine opinion qu'il y a un Dieu qui peut tout, et par qui j'ai été fait et créé tel que je suis. Or, que sais-je s'il n'a point fait qu'il n'y ait aucune terre, aucun ciel, aucun corps étendu, aucune figure, aucune grandeur, aucun lieu, et que néanmoins j'aie les sentiments de toutes ces

---

1. Descartes applique ici la seconde des règles indiquées dans la deuxième partie du *Discours de la Méthode*. Il ramène, par analyse, les choses complexes à leurs éléments irréductibles, qui sont les qualités géométriques des corps.

choses, et que tout cela ne me semble point exister autrement que je le vois [1] ? Et même, comme je juge quelquefois que les autres se trompent dans les choses qu'ils pensent le mieux savoir, que sais-je s'il n'a point fait que je me trompe aussi toutes les fois que je fais l'addition de deux et de trois, ou que je nombre les côtés d'un carré, ou que je juge de quelque chose encore plus facile, si l'on se peut imaginer rien de plus facile que cela [2] ? Mais peut-être que Dieu n'a pas voulu que je fusse déçu de la sorte, car il est dit souverainement bon. Toutefois, si cela répugnait à sa bonté de m'avoir fait tel que je me trompasse toujours, cela semblerait aussi lui être contraire de permettre que je me trompe quelquefois, et néanmoins je ne puis douter qu'il ne le permette [3]. Il y aura peut-être ici des personnes qui aimeraient mieux nier l'existence d'un Dieu si puissant, que de croire que toutes les autres

---

1. Formule très nette de la doctrine appelée *idéalisme*. Le monde pour les partisans de cette doctrine n'existe pas tel que nous le concevons : nos idées n'ont pas d'objet, ou du moins nous ne pouvons affirmer qu'elles en ont : le monde n'existe qu'en idée, et nous connaissons, non les choses, mais les idées des choses. Malebranche, dans la théorie de la *Vision en Dieu*, se place à ce point de vue. — De l'hypothèse qu'indique ici Descartes à la doctrine de Kant, suivant laquelle nous connaissons les choses, non pas telles qu'elles sont *en soi*, mais telles que la nature de notre esprit exige que nous les concevions, il n'y a qu'un pas.

2. Il y a ici deux arguments distincts : 1° peut-être mon esprit n'est-il pas capable d'apercevoir la vraie réalité ; 2° en le supposant capable de la connaître, rien ne m'assure, à un moment donné, que je n'en fais pas un mauvais usage. La possibilité de l'erreur m'ôte toute sécurité.

3. Le problème que Descartes ne fait ici qu'indiquer est résolu dans la IVᵉ Méditation. Comment Dieu, qui est souverainement bon, a-t-il pu nous donner une intelligence sujette à l'erreur ? C'est la même difficulté que Leibnitz a essayé de résoudre dans sa *Théodicée* en conciliant la bonté divine avec l'existence du mal. — La solution du problème de l'erreur, pour Descartes, est fort simple. Il explique qu'il y a, dans tout jugement, deux choses, une idée formée par l'intelligence, un acte d'affirmation, œuvre de la volonté libre. Or la volonté dans l'homme est infinie comme en Dieu : elle dépasse de beaucoup l'intelligence qui est bornée. Par suite, l'homme peut affirmer plus qu'il ne conçoit. Quand son affirmation porte sur une idée confuse, il se trompe : mais qui est coupable de l'erreur ? Ce n'est pas Dieu, car il a donné à l'homme une volonté infinie et une intelligence bornée, il est vrai (il n'était pas obligé de mieux faire), mais non pas trompeuse. Si, pour affirmer, l'homme attendait qu'il eût des idées claires, il ne se tromperait pas : l'infaillibilité est théoriquement possible. L'erreur résulte donc uniquement de l'usage que nous faisons de notre liberté : c'est l'homme, et non pas Dieu, qui en est l'auteur.

choses sont incertaines. Mais ne leur résistons pas pour le présent, et supposons en leur faveur que tout ce qui est dit ici d'un Dieu soit une fable; toutefois, de quelque façon qu'ils supposent que je sois parvenu à l'état et à l'être que je possède, soit qu'ils l'attribuent à quelque destin ou fatalité, soit qu'ils le réfèrent au hasard, soit qu'ils veuillent que ce soit par une continuelle suite et liaison des choses, ou enfin par quelque autre manière; puisque faillir et se tromper est une imperfection, d'autant moins puissant sera l'auteur qu'ils assigneront à mon origine, d'autant plus sera-t-il probable que je suis tellement imparfait que je me trompe toujours. Auxquelles raisons je n'ai certes rien à répondre; mais enfin je suis contraint d'avouer qu'il n'y a rien de tout ce que je croyais autrefois être véritable dont je ne puisse en quelque façon douter; et non point par inconsidération ou légèreté, mais pour des raisons très fortes et mûrement considérées; de sorte que désormais je ne dois pas moins soigneusement m'empêcher d'y donner créance qu'à ce qui serait manifestement faux, si je veux trouver quelque chose de certain et d'assuré dans les sciences.

Mais il ne suffit pas d'avoir fait ces remarques, il faut encore que je prenne soin de m'en souvenir; car ces anciennes et ordinaires opinions me reviennent encore souvent en la pensée, le long et familier usage qu'elles ont eu avec moi leur donnant droit d'occuper mon esprit contre mon gré, et de se rendre presque maîtresses de ma créance [1]; et je ne me désaccoutumerai jamais de leur déférer, et de prendre confiance en elles tant que je les considérerai telles qu'elles sont en effet, c'est-à-dire en quelque façon douteuses, comme je viens de montrer, et toutefois fort probables, en sorte que l'on a beaucoup plus de raison de les croire que de les nier. C'est pourquoi je pense que je ne ferai pas mal si, prenant de propos délibéré un sentiment contraire, je me trompe moi-

---

1. On n'a jamais mieux montré que ne le fait ici Descartes la difficulté qu'éprouve notre esprit à se déprendre d'opinions anciennes, et à se rendre accessible à des idées nouvelles et plus exactes. Cette indépendance à l'égard de ses préjugés est pourtant la vraie marque d'un esprit philosophique, et c'est parce qu'elle manque souvent que les progrès de la science et de la vérité sont si lents.

même, et si je feins pour quelque temps que toutes ces
opinions sont entièrement fausses et imaginaires, jusqu'à
ce qu'enfin, ayant tellement balancé mes anciens et mes
nouveaux préjugés qu'ils ne puissent faire pencher mon
avis plus d'un côté que d'un autre, mon jugement ne soit
plus désormais maîtrisé par de mauvais usages, et dé-
tourné du droit chemin qui le peut conduire à la connaissance de la vérité. Car je suis assuré qu'il ne peut y avoir
de péril ni d'erreur en cette voie, et que je ne saurais
aujourd'hui trop accorder à ma défiance, puisqu'il n'est
pas maintenant question d'agir, mais seulement de médi-
ter et de connaître.

Je supposerai donc, non pas que Dieu, qui est très bon
et qui est la souveraine source de vérité, mais qu'un certain mauvais génie, non moins rusé et trompeur que
puissant, a employé toute son industrie à me tromper [1];
je penserai que le ciel, l'air, la terre, les couleurs, les
figures, les sons, et toutes les autres choses extérieures,
ne sont rien que des illusions et rêveries dont il s'est servi
pour tendre des pièges à ma crédulité; je me considérerai moi-même comme n'ayant point de mains, point
d'yeux, point de chair, point de sang; comme n'ayant
aucun sens, mais croyant faussement avoir toutes ces
choses; je demeurerai obstinément attaché à cette pensée; et si, par ce moyen, il n'est pas en mon pouvoir de
parvenir à la connaissance d'aucune vérité, à tout le moins
il est en ma puissance de suspendre mon jugement [2].
C'est pourquoi je prendrai garde soigneusement de ne
recevoir en ma croyance aucune fausseté, et préparerai si
bien mon esprit à toutes les ruses de ce grand trompeur,

1. Descartes, dans sa réponse à Hyperaspites, appelle ce doute *hyper-*
bolique. On lui a souvent reproché d'avoir admis une telle hypothèse :
suivant les critiques qui l'ont blâmé, c'est une concession dangereuse
au scepticisme, et si on va si loin, on ne peut plus revenir à la certitude.
Voir sur ce point les *Éclaircissements*, p. 106.
2. Ces mots : *il est en ma puissance de suspendre mon jugement*, ont
été ajoutés par Descartes au texte latin. C'est une application de la théorie
du jugement, exposée ci-dessus (p. 89, note 3) : c'est parce que l'affirmation est un acte de volonté libre que le jugement peut être suspendu.
Les philosophes comme Spinoza, qui n'admettent pas cette théorie du
jugement volontaire, refusent aussi d'admettre que nous pouvons suspendre l'affirmation.

que, pour puissant et rusé qu'il soit, il ne me pourra
jamais rien imposer.

Mais ce dessein est pénible et laborieux, et une certaine paresse m'entraîne insensiblement dans le train de
ma vie ordinaire; et tout de même qu'un esclave qui
jouissait dans le sommeil d'une liberté imaginaire, lorsqu'il commence à soupçonner que sa liberté n'est qu'un
songe, craint de se réveiller, et conspire avec ces illusions agréables pour en être plus longtemps abusé, ainsi
je retombe insensiblement de moi-même dans mes
anciennes opinions, et j'appréhende de me réveiller de
cet assoupissement, de peur que les veilles laborieuses
qui auraient à succéder à la tranquillité de ce repos, au
lieu de m'apporter quelque jour et quelque lumière dans
la connaissance de la vérité, ne fussent pas suffisantes
pour éclaircir toutes les ténèbres des difficultés qui viennent d'être agitées.

ÉCLAIRCISSEMENTS

I. — DE LA MÉTHODE DE DESCARTES.

Les quatre règles du *Discours de la Méthode* ne sont pas aussi claires que plusieurs critiques se sont plu à le penser, et elles ont souvent été interprétées d'une manière fort inexacte. Pour en bien comprendre le sens et la portée, il faut recourir aux *Regulæ ad directionem ingenii*, dont elles sont le résumé [1].

« Tous les actes de notre intelligence, dit Descartes, au moyen desquels nous pouvons atteindre la connaissance des choses sans aucune crainte d'erreur, sont au nombre de deux, l'intuition et la déduction [2]. » — La première des quatre règles est relative à l'intuition, les trois autres à la déduction; les trois dernières sont d'ailleurs étroitement liées et inséparables, « parce que le plus souvent on doit réfléchir à toutes à la fois, et qu'elles concourent toutes pareillement à la perfection de la méthode. Peu importe laquelle nous envisagerons la première [3]. »

1re *Règle*. — Si naturelle, ou même si banale que nous paraisse cette règle, aujourd'hui qu'un long usage nous a familiarisés avec elle, c'est un des grands mérites de Descartes de l'avoir formulée avec tant de netteté. C'était, de son temps, une nouveauté et une hardiesse. Il faut ajouter qu'il ne l'entendait pas tout à fait comme nous serions disposés à le faire aujourd'hui en lisant simplement le texte du *Discours de la Méthode*.

On croit souvent résumer la pensée de Descartes en disant qu'il prend pour marque de vérité, l'évidence : et c'est exact. Mais qu'est-ce que l'évidence? Dans le langage ordinaire, nous appelons *évident* ce qui nous frappe vivement, ce que

---

1. Sur l'authenticité de cet ouvrage et sur toute la question de la méthode cartésienne, consultez le savant livre de M. T.-V. Charpentier, *Essai sur la Méthode de Descartes* (Paris, Thorins, 1869).
2. Règle III.
3. Règle VII.

nous croyons ou affirmons fermement. Or, à ce compte,
l'évidence serait un singulier critérium de vérité ; on sait
bien que, dans la plupart des discussions, le premier soin des
interlocuteurs est de poser comme axiomes évidents des assertions absolument contradictoires. Descartes, bien que ceux
qui l'avaient mal lu lui aient souvent reproché l'insuffisance
de son critérium, n'a point parlé un langage si vague et si
équivoque. Il ne suffit pas que nous croyions fortement une
chose pour qu'elle soit vraie : la passion et la volonté y peuvent avoir autant de part que la raison. Il faut que la raison
seule, dégagée de toute influence étrangère, aperçoive ce
qu'il appelle la *clarté et la distinction* des idées. Il est difficile,
comme le fait remarquer la *Logique de Port-Royal*[1], de définir la clarté et la distinction des idées. On peut seulement
faire appel à l'expérience de chacun : il y a des choses que
nous comprenons pleinement, dont notre pensée est satis-
faite, qui n'ont pas besoin d'autre chose pour être entendues.
On peut aussi donner des exemples : les idées de l'existence,
de la pensée, de l'étendue, sont des idées claires et distinctes.

Il suit de là que les idées claires et distinctes, les choses
évidentes, sont uniquement celles qui sont connues *a priori*.
Descartes le répète cent fois : les sens et l'imagination sont
mauvais juges de la vérité ; ils ne donnent que des idées confuses. La raison au contraire, soit en elle-même, par sa propre
activité, soit en tant qu'elle est unie au corps, à l'occasion des
impressions faites sur les sens, mais toujours par une action
qui lui est propre, découvre les idées qui ont la propriété
d'être vraies. Ce que nous appelons l'*évidence sensible*, la *certitude physique*, n'existe pas pour Descartes. Encore un point
sur lequel sa vraie pensée a été souvent méconnue. Toute
évidence, pour lui, est purement intellectuelle ; toute certitude est métaphysique ?

Cet acte de la raison qui perçait directement la vérité est
l'*intuition*. « J'entends par intuition, non la croyance ou le
témoignage variable des sens ou les jugements trompeurs de
l'imagination, mauvaise régulatrice, mais la conception d'un
esprit sain et attentif, si facile et si distincte, qu'aucun doute
ne reste sur ce que nous comprenons ; ou bien, ce qui est la
même chose, la conception ferme qui naît dans un esprit sain
et attentif des seules lumières de la raison. Ainsi chacun peut
voir par intuition qu'il existe, qu'il pense, qu'un triangle se

---

1. Première partie, chap. IX.
2. La certitude morale et, par suite, les vérités historiques, sont,
d'après lui, en dehors de la science. — Voyez p. 53.

termine par trois lignes, qu'un globe n'a qu'une surface, et d'autres vérités semblables qui sont plus nombreuses qu'on ne le croit communément, parce qu'on dédaigne d'appliquer son esprit à des choses si faciles [1]. »

Cette intuition cartésienne n'est pas la connaissance complète et définitive, telle qu'on peut la concevoir dans la vie future; elle est, dans le monde présent, mêlée d'obscurité et d'incertitude [2] : la déduction s'y ajoute presque toujours. « Mais encore nous donne-t-elle une connaissance première, gratuite, certaine et que nous touchons de l'esprit avec plus de confiance que nous n'en donnons au rapport de nos yeux [3]. »

Telle est, d'après Descartes, la connaissance la plus sûre et la plus parfaite que nous puissions avoir. Elle n'est pas toujours possible directement; c'est pourquoi la déduction doit s'y substituer. Mais la déduction elle-même lui emprunte sa certitude, et elle a d'autant plus de valeur qu'elle s'en rapproche davantage. La déduction est une intuition pénible, successive, fragmentaire, qui chemine lentement à travers le temps, et, par suite, fait intervenir la mémoire, cause d'erreur; elle est comme la monnaie de l'intuition, mais elle doit tendre à se reconstituer, à se ressaisir, à concentrer dans une action unique la pluralité des vues partielles qu'elle rassemble. C'est ce qui s'éclaircira davantage par l'étude des autres règles de la méthode.

2e *Règle.* — La seconde règle, comme la première, à la prendre dans sa généralité, paraît convenir à toute méthode et n'exprimer qu'une banalité; ou ne faut-il pas faire des analyses? Il faut prendre garde seulement que Descartes entend l'analyse d'une façon qui lui est toute particulière. Là encore il ne considère que les rapports des idées *a priori* entre elles.

Quand on veut résoudre une question, il faut aller, comme dit Descartes, de l'inconnu au connu. Ce passage est possible, parce que l'inconnu, dans une question, n'est jamais complètement inconnu; s'il l'était, on ne saurait ce qu'on cherche. Il a toujours certaines relations déterminées avec des choses connues; il doit satisfaire à certaines conditions, répondre à certaines exigences. S'attacher à ces caractères, voir à quoi tient cet inconnu, par quels intermédiaires il s'y relie et de quels éléments il se compose, quelles conséquences doivent en résulter, voilà en quoi consiste l'analyse. « Tout l'artifice

1. Règle III.
2. Lettre LXXVI, édit. Garnier, t. IV.
3. *Ibid.*

consiste à supposer connu ce qui est inconnu[1]. »— Un exemple fera bien voir en quoi consiste cette méthode. Il faut l'emprunter aux mathématiques, car c'est en étudiant les mathématiques que Descartes a découvert sa méthode; c'est là qu'il l'a appliquée d'abord et qu'elle lui a donné les merveilleux résultats que l'on sait. Elle n'est pas absolument nouvelle : Platon, dans l'antiquité, puis les géomètres Pappus et Diophante[2] paraissent l'avoir connue; mais Descartes les soupçonne de n'avoir pas voulu livrer au public un si grand secret. Sa gloire à lui sera non seulement de l'avoir retrouvée, mais de l'avoir fait connaître, et surtout de l'avoir généralisée de telle sorte qu'elle puisse s'appliquer à toute science, à la philosophie comme aux mathématiques.

Supposons qu'il s'agisse de trouver deux moyennes proportionnelles entre 3 et 48. — Si on procédait directement par une proportion continue, rien ne serait plus simple que d'aller de 3 à 6, puis à 12, 24 et 48. Mais ici, les extrêmes seulement étant donnés, l'opération est plus complexe; car il faut penser, non plus seulement à deux nombres, mais à trois, pour en trouver un quatrième. « Cependant la difficulté peut se diviser et se simplifier, si l'on ne cherche d'abord qu'une moyenne proportionnelle entre 3 et 48, savoir 12; si l'on cherche ensuite une autre moyenne proportionnelle entre 3 et 12, savoir 6[3]. » On a ainsi divisé la difficulté en plusieurs parcelles, afin de la mieux résoudre.

Cette méthode aurait peu de valeur si elle ne s'appliquait qu'aux mathématiques : « Je ne crains pas de dire que cette partie de notre méthode n'a pas été inventée pour résoudre des problèmes mathématiques, mais plutôt qu'il ne faut en quelque sorte apprendre les mathématiques que pour s'exercer à la pratique de cette méthode[4]. »

Pour bien comprendre la généralisation que tente Descartes, il faut considérer qu'il y a deux sortes de choses : les unes, *simples* ou *absolues*, les autres, *composées* ou *relatives*. « J'appelle absolu ce qui contient en soi la nature pure et simple que l'on cherche : ainsi, par exemple, tout ce qu'on regarde comme indépendant, cause, simple, universel, un, égal, semblable, droit, etc., et je dis que l'absolu est ce qu'il y a de plus simple et de plus facile, et que nous devons nous en servir pour résoudre les questions. J'appelle relatif ce qui

1. Règle XVII.
2. Règle II.
3. Règle VI.
4. Règle XIV.

est de la même nature, ou du moins en participe, en un point
par lequel on peut le rattacher à l'absolu, et l'en déduire en
suivant un certain ordre. Le relatif renferme en outre certaines choses que j'appelle des rapports : tel est tout ce qu'on
nomme dépendant, effet, composé, particulier, multiple, iné-
gal, dissemblable, oblique, etc.[1]. »

Cela posé, il est clair que la science doit ramener les choses
difficiles aux choses faciles, le relatif à l'absolu, le composé
au simple. Un exemple montrera ici encore l'application de
cette règle.

Supposons qu'il s'agisse de connaître la nature de l'aimant.
Dans l'ancienne méthode, on ne manquerait pas d'imaginer
aussitôt une cause, un être mystérieux, la vertu attractive
ou magnétique. Tout autre est la méthode de Descartes. Il
s'agit de ramener cette chose inconnue à des choses déjà
connues, cette nature composée à des natures simples, comme
l'étendue, la figure, le mouvement : « On cherchera à déduire
quel doit être le mélange nécessaire de ces natures simples pour
produire tous les effets que l'expérience a montrés dans l'aimant[2].» Voilà comment, par la méthode d'analyse, on aura trouvé
une explication vraiment scientifique, satisfaisante pour l'esprit, au lieu de ces solutions dérisoires, véritables jeux de
mots, où la réponse n'était que la question déguisée, dont se
contentait l'ancienne philosophie.

Ce qu'on vient de faire pour l'aimant, il est clair qu'on
pourra le faire pour chacun des corps qui sont dans l'univers : « Aucune connaissance ne doit être regardée comme
plus obscure qu'une autre, puisqu'elles sont toutes de la
même nature, et consistent dans la seule composition des
choses connues par elles-mêmes, ce que personne ne remarque[3]. » En d'autres termes, on ramènera la pluralité des
choses existantes à un petit nombre d'éléments irréductibles ;
tout sera, en dernière analyse, étendue, mouvement, figure,
et les diverses combinaisons de ces éléments expliqueront la
diversité infinie des êtres. Ainsi nous saurons ce que sont les
choses, comment elles sont formées, d'où elles viennent ; nous
les comprendrons. Jamais philosophe n'a eu de la science
universelle une conception plus nette et plus hardie. Cette
application de la méthode est un des titres les moins contes-
ables de Descartes, et c'est par là qu'il mérite d'être compté
parmi les plus grands philosophes de tous les temps.

1. Règle VI.
2. Règle XII.
3. Règle XII.

3ᵉ Règle. — Lorsqu'un tout a été divisé en ses éléments constituants, il faut, pour arriver à la connaissance complète, rétablir le tout au moyen des parties.

La règle précédente nous montre comment toute chose composée doit être ramenée aux natures simples; il faut ensuite partir de ces natures simples, et, en suivant un ordre convenable, les réunir de nouveau. C'est la synthèse après l'analyse. « Quoique cette règle, dit Descartes, paraisse ne rien apprendre de bien nouveau, elle renferme cependant le principal point de la méthode, et il n'en est pas de plus utile dans tout ce traité [1]... C'est en cela seulement qu'est renfermée la perfection de l'habileté humaine; et l'observation de cette règle n'est pas moins nécessaire à celui qui veut aborder la science que le fil de Thésée à celui qui voudrait pénétrer dans le labyrinthe. Mais beaucoup de gens ou ne réfléchissent pas à ce qu'elle recommande, ou l'ignorent tout à fait, ou présument n'en avoir pas besoin; et souvent ils examinent avec si peu d'ordre les questions les plus difficiles qu'ils me semblent agir comme un homme qui, du pied d'un édifice, voudrait s'élancer d'un saut jusqu'au faîte, soit en négligeant l'escalier destiné à cet usage, soit en ne l'apercevant pas [2]. »

Mais quelle est la nature de cet ordre qu'il faut suivre? Qu'est-ce qui rend possible et autorise ce passage du simple au composé, de l'absolu au relatif? Par quels liens les diverses parties sont-elles unies entre elles? — Elles sont unies par un lien nécessaire que la raison découvre par intuition. Seulement ici l'intuition ne peut plus se faire d'un seul coup, précisément parce qu'il y a plusieurs parties, et qu'on ne peut les examiner que successivement; il faut dès lors donner à cette connaissance un nom nouveau : Descartes l'appelle *déduction.* « Nous distinguons l'intuition de la déduction certaine, parce que dans la déduction on conçoit un mouvement ou une certaine succession, au lieu que dans l'intuition il n'en est pas de même, et qu'en outre la déduction n'a pas besoin, comme l'intuition, d'une évidence présente; mais qu'elle emprunte plutôt en quelque sorte sa certitude à la mémoire. D'où il résulte qu'on peut dire que les propositions qui sont la conséquence immédiate d'un premier principe peuvent être connues tantôt par intuition, tantôt par déduction, suivant la manière de les considérer, tandis que les principes le sont seulement par intuition, et au contraire les conséquences éloignées, seulement par déduc-

1. Règle VI.
2. Règle V.

tion ¹... Toutes les propositions que nous déduisons l'une de l'autre, pourvu que la déduction soit évidente, *sont dès lors ramenées à une véritable intuition.* Mais si nous inférons une conséquence de propositions nombreuses et disjointes, souvent la capacité de notre intelligence n'est pas assez grande pour pouvoir les embrasser toutes d'une seule intuition : auquel cas la certitude de cette opération doit lui suffire. De même nous ne pouvons pas d'un seul coup d'œil distinguer tous les anneaux d'une chaîne trop longue; mais néanmoins, si nous avons vu l'union de chaque anneau avec celui qui le précède et avec celui qui le suit, cela nous suffira même pour dire que nous avons vu comment le dernier se rattache au premier ². »

Ce qui résulte de tous ces textes, c'est que la déduction n'est pas une opération radicalement différente de l'intuition : elle est une intuition imparfaite, disséminée dans le temps, mais elle doit tendre à revenir vers ce type de la vraie connaissance qui est l'intuition. Dans un cas comme dans l'autre, l'effort de l'esprit attentif qui saisit la vérité est la condition de la science.

4ᵉ Règle. — Ce passage d'un terme à l'autre, que nous venons de décrire, n'est légitime (c'est un point sur lequel Descartes insiste souvent) que si l'esprit s'avance d'un mouvement continu et sans interruption. « Souvent, en effet, ceux qui, trop vite et de principes éloignés, veulent tirer une conséquence, ne parcourent pas toute la chaîne des conclusions intermédiaires avec tant de soin qu'ils n'en passent un grand nombre inconsidérément. Et certes, dès qu'on en omet une, fût-elle la moindre de toutes, la chaîne est aussitôt rompue, et toute la certitude de la conclusion disparait ³. » S'assurer que cette condition est bien remplie, qu'il n'y a point de solution de continuité dans la déduction, voilà l'objet de la quatrième règle, un peu obscure à première vue, et qui n'a pas toujours été bien comprise.

La lumière, dans la déduction, se communique de proche en proche et éclaire successivement toutes les parties; mais il faut ensuite parcourir l'ensemble d'un seul regard; il faut que toutes les intuitions partielles se fondent et se ramassent, pour ainsi dire, en une intuition totale. « Si je trouve, par diverses opérations, premièrement quel est le rapport entre

1. Règle III. — Cf. Règle XI.
2. Règle VII.
3. Règle VII.

les grandeurs A et B, ensuite quel est le rapport entre B et C,
puis entre C et D, et enfin entre D et E, je ne vois pas pour
cela celui qui existe entre A et E, et je ne puis le déterminer
avec précision si je ne me les rappelle tous[1]. » Il faut donc,
par un dénombrement entier, par une revue générale, s'assurer que rien n'a été omis. Il n'est pas toujours nécessaire que
cette énumération (que Descartes appelle aussi *induction*) soit
complète : « Si je veux prouver par énumération que l'âme
raisonnable n'est pas corporelle, il ne sera pas besoin que l'é-
numération soit complète : il suffira de réunir tous les corps
sous quelques catégories, de manière à prouver que l'âme raisonnable ne peut se rapporter à aucune d'elles[2]. » Mais il faut
qu'elle soit suffisante, c'est-à-dire qu'elle n'omette aucun
degré essentiel, et méthodique, c'est-à-dire qu'elle se tienne à
l'essentiel et ne se perde pas dans l'infini des détails.

En résumé, de même que la déduction est une sorte d'intuition, l'énumération est une sorte de déduction, et tout se
ramène, en fin de compte, à l'intuition. Comme on a dû introduire, par une nécessité fâcheuse qui tient à la faiblesse de
l'esprit humain, un élément contraire à l'intuition, le temps,
et une chance d'erreur, la mémoire, il s'agit en quelque façon
de neutraliser ces influences dangereuses. Par l'énumération,
l'intuition éparse se ressaisit et se reconstitue autant qu'elle
peut : c'est l'effort d'une pensée qui veut se soustraire à la
fatalité du temps. « Je parcourrai, dit Descartes, de temps en
temps (les intermédiaires) par un mouvement continu de l'i-
magination, en sorte qu'à la fois elle en voie un et passe à
l'autre, jusqu'à ce que j'aie appris à passer du premier au dernier assez rapidement pour paraître, *presque sans le secours
de la mémoire*, les saisir tous d'un coup d'œil[3]. »

On voit que la méthode de Descartes procède toujours *a
priori*. C'est à tort qu'on a parfois considéré les règles du
Discours de la Méthode comme des préceptes généraux, vala-
bles pour toutes les méthodes. Il n'y a rien là qui se rapporte
à l'expérience, à moins qu'au risque de donner au mot expérience une signification équivoque, on ne désigne la connaissance que l'esprit prend directement de lui-même et de ses
actes, en dehors de toute action extérieure et de toute donnée sensible. Descartes est toujours et uniquement géomètre.

Il nous reste à examiner la valeur de cette méthode. Pour

---

1. Règle VII. — Cf. Règle XI.
2. *Ibid.*
3. *Ibid.*

cela, il est utile de marquer d'abord ce qui en fait le caractère propre et original, et la distingue de toutes les autres.

Qu'elle diffère de la méthode précédemment appliquée par la scolastique, c'est ce qui est évident et ce que tout le monde accorde. Mais en quoi en diffère-t-elle? Il est difficile de contester que la méthode cartésienne soit essentiellement déductive : or le syllogisme, dont la scolastique a tant abusé, n'est-il point par excellence la forme de la déduction? Comment donc deux méthodes si semblables peuvent-elles être si différentes?

Le caractère propre, la grande nouveauté de la méthode cartésienne, c'est qu'elle fait dépendre la connaissance de l'activité toujours en mouvement et en acte, toujours vivante, de l'esprit. Ce n'est plus l'application de formules sèches et abstraites, c'est l'intuition concrète de l'esprit apercevant de lui-même ce qui est, qui mène au vrai. Il suffit à l'esprit d'être lui-même, de suivre sa nature, d'obéir à ses lois propres, de fixer son attention sur ses propres idées, de les pénétrer d'un regard, pour en découvrir, par une action qui est sa nature et sa vie même, les rapports nécessaires. Dans la scolastique, l'esprit obéissait bien encore à ses propres lois : car qu'est-ce que la logique formelle, sinon l'ensemble des lois de la pensée? Mais ces lois, fixées dans des formules abstraites, lui étaient devenues comme étrangères; il les avait aliénées d'avec lui-même et projetées au dehors; il semblait les recevoir d'un autre, et les subissait, comme s'il ne les avait pas faites, oubliant qu'il lui suffisait d'être lui-même pour les appliquer sans tant de peine et sans contrainte : par suite, il en venait à les appliquer par routine et sans les comprendre. Descartes au contraire rejette les formules abstraites, les définitions, les modes de raisonnement : il prend l'esprit tel qu'il est, avec son activité primitive et féconde, et il le laisse aller sans lui prescrire d'autre règle que celle qu'il porte en lui-même. Il raisonne sans se préoccuper des règles du raisonnement, à peu près comme les vrais poètes écrivent sans souci des poétiques. Ce qu'il rejette de la méthode scolastique, c'est peut-être moins le fond que la forme : il ne s'embarrasse pas du matériel de la scolastique, bagage superflu qui ne peut qu'entraver la marche de la pensée. Il se place de prime abord au sein des choses, les voyant telles qu'elles sont, sans même distinguer la matière et la forme : « Nous imitons les dialecticiens en cela seul que comme, pour enseigner les formes du syllogisme, ils supposent que les termes ou la matière en est connue, de même nous exigeons ici avant tout que la

question soit parfaitement comprise : mais nous ne distinguons pas comme eux deux termes extrêmes[1]. »

Quelques exemples mettront cette différence dans tout son
relief. On a tort, suivant Descartes, « de supposer que la connaissance des propositions particulières doit toujours être
déduite des universelles, suivant l'ordre des syllogismes de la
dialectique; c'est savoir bien peu de quelle façon la vérité se
doit chercher; car il est bien certain que pour la trouver on
doit toujours commencer par les notions particulières pour
venir après aux générales, bien qu'on puisse ainsi réciproquement, ayant trouvé les générales, en déduire d'autres particulières. Ainsi, quand on enseigne à un enfant les éléments de
la géométrie, on ne lui fera point entendre en général que,
*lorsque de deux quantités on ôte des parties égales, les restes
demeurent égaux,* ou que *le tout est plus grand que ses parties* , si on ne lui en montre des exemples en des cas particuliers[2]. »

Ailleurs encore, Descartes montre comment il faut faire
usage des principes abstraits, et les distingue nettement de
l'intuition concrète. « Le mot de *principe* se peut prendre en
divers sens, et c'est autre chose de chercher une *notion commune* qui soit si claire et si générale qu'elle puisse servir de
principe pour prouver l'existence de tous les êtres, les *entia*
qu'on connaîtra par après, et autre chose de chercher *un
être,* l'existence duquel nous soit plus connue que celle d'aucun autre, en sorte qu'elle nous puisse servir de *principe*
pour les connaître. Au premier sens on peut dire que *impossibile est idem simul esse et non esse,* est un principe, et qu'il
peut généralement servir, non pas proprement à faire connaître l'existence d'aucune chose, mais seulement à faire voir
que lorsqu'on la connaît, on en confirme la vérité par un tel
raisonnement : *Il est impossible que ce qui est ne soit pas;
or je connais que telle chose est; donc je connais qu'il est impossible qu'elle ne soit pas.* Ce qui est de bien peu d'importance et ne nous rend de rien plus savants. En l'autre sens, le
premier principe est *que notre âme existe,* à cause qu'il n'y
a rien dont l'existence nous soit plus notoire. J'ajoute aussi
que ce n'est pas une condition qu'on doive requérir au premier principe, que d'être tel que toutes les autres propositions se puissent réduire et prouver par lui, c'est assez qu'il
puisse servir à en trouver plusieurs, et qu'il n'y en ait point
d'autre dont il dépende, et qu'on puisse plutôt trouver que

1. Règle XIII.
2. Réponses aux instances, 6.

lui. Car il se peut faire qu'il n'y ait point au monde aucun
principe auquel seul toutes les choses se puissent réduire, et
la façon dont on réduit les autres propositions à celle-ci :
Impossibile est idem simul esse et non esse, est superflue et de
nul usage; au lieu que c'est avec très grande utilité qu'on
commence à s'assurer de l'*existence de Dieu*, et ensuite de
celle de toutes les créatures, *par la considération de sa propre existence*[1]. »

Cette distinction entre les procédés abstraits de la vieille
logique et l'intuition immédiate de l'esprit se retrouve à tous
les degrés, et comme à toutes les étapes de la méthode. S'agit-
il des principes, des idées fondamentales qui servent de point
de départ au raisonnement? Les scolastiques prenaient leurs
termes et leurs définitions tels que la tradition ou l'autorité
les leur transmettaient : ils ne s'enquéraient guère de leur origine, et ne les soumettaient pas au contrôle de la raison, oubliant que les concepts, étant l'œuvre discursive de l'esprit
humain, le fruit de généralisations souvent hasardées ou ca-
pricieuses, pouvaient receler des erreurs. Descartes ne laisse
passer une idée que sur le vu et avec la garantie de l'esprit;
il faut qu'elle soit obtenue par intuition, c'est-à-dire qu'elle
soit simple, irréductible, par suite exempte d'erreur. Ces
idées premières sont données à l'esprit, il ne les fait pas. Elles
sont sa possession, non son œuvre.

S'agit-il de déterminer les rapports de ces termes entre
eux? C'est toujours l'intuition infaillible de l'esprit qui
décide. « Il est évident que l'intuition s'applique et aux natures simples, et aux liaisons nécessaires, qui les unissent
entre elles et à toutes les autres que l'entendement découvre[2]. »
Ajoutons que Descartes ne se préoccupe pas de déterminer
la nature de ces rapports, ni de les énumérer; il ne dresse
pas de liste des catégories, précisément parce que l'intuition
suffit à tout. Par cela même, l'esprit a plus de liberté, et la
science s'élargit. La scolastique bornait la science à la recherche des rapports de qualité, de genre, d'espèce; Descartes
s'attache également à toutes les relations que l'intelligence
découvre, pourvu qu'elles soient évidentes, relations de cause
à effet, de ressemblance ou de dissemblance, plus volontiers,
car il est mathématicien, relations de quantité.

Enfin, remarquons-le encore, les rapports que l'intuition
découvre entre les idées sont aussi bien les relations que

---

1. Lettre LI.
2. Règle XII.

Kant appela plus tard synthétiques que les relations analytiques : une telle distinction n'existe pas pour Descartes ; les différences de ce genre s'effacent devant le caractère commun aux unes et aux autres : l'évidence. C'est par là que ses principes sont si féconds. Ainsi s'explique cette anomalie, étrange à première vue, d'une méthode purement déductive qui fait sortir de quelques idées, non seulement la longue chaîne des propositions mathématiques, mais encore l'interminable série des vérités physiques et l'ensemble de tous les phénomènes de l'univers.

Enfin, « ce n'est pas seulement dans les jugements, c'est dans toute espèce de raisonnement que l'intuition doit avoir cette évidence et cette certitude[1] ». Nul besoin de formulaire extérieur : le vrai guide de la pensée est en elle-même. Descartes ne se préoccupe pas de savoir comment il raisonne, pourvu que ses raisonnements soient justes, c'est-à-dire clairs. La matière du raisonnement ne se distingue pas de la forme : l'une emporte l'autre. Il suffit, sans tant de logique, d'être attentif pour ne pas se tromper, et on dirait presque que la vraie méthode est de n'en pas avoir. Tout au plus accorde-t-il[2] que les exercices logiques sont une bonne préparation pour la faculté de raisonner ; mais il faut les laisser, comme l'enfant quitte ses lisières quand il sait marcher. Les prétendus appuis de la logique ordinaire ne peuvent qu'entraver la marche de l'esprit[3].

Combien la méthode de Descartes était nouvelle et hardie, c'est ce qui résulte clairement de ce qu'on vient de dire ; combien elle était féconde, c'est ce que la suite a montré. Mais on a singulièrement exagéré et dénaturé son rôle quand on nous a montré en Descartes un apôtre des méthodes nouvelles, un initiateur de la philosophie expérimentale. Il reste fidèle, il faut le dire, à la scolastique et à l'esprit de l'ancienne philosophie en ce qu'il procède toujours *a priori*. Il travaille autrement que les scolastiques sur les idées que l'esprit possède, mais il ne travaille que sur des idées, et non sur des choses. L'esprit ne reçoit pas ses données du dehors, il les trouve en lui ; il recèle les germes de toute vérité. Il n'est pas, comme dit Bacon, l'esclave de la nature ; il lui dicte ses lois ou plutôt il les lit en lui-même. Il construit le monde pour le connaître : il le refait pour savoir comment il est. Et cette construction *a priori* n'est pas pour Descartes, comme

1. Règle III.
2. Règle II.
3. Règle IV.

on l'admettrait aujourd'hui, un édifice provisoire, une hypothèse sur laquelle il appartient à l'expérience de dire le dernier mot; ce n'est pas un essai de la pensée qui plaide en
quelque sorte le possible pour savoir le vrai. Le philosophe
entend bien que c'est une œuvre définitive, et qu'il n'y a rien
au delà : la science ne relève que de la raison. Tout au plus
fait-il à l'expérience une légère concession quand il l'admet
à déterminer le choix qu'il faut faire entre diverses combinaisons également possibles aux yeux de la raison, et à distinguer les choses qui sont sur la terre « d'une infinité
d'autres qui pourraient y être, si c'eût été le vouloir de Dieu
de les y mettre[1] ». Mais si l'expérience a voix consultative
dans les conseils de la raison, il lui refuse toute autorité
véritable. Il ne faut pas aller de l'observation à la théorie,
mais la théorie précède l'observation et en tient lieu.

Là est le côté faible, l'insuffisance radicale de la méthode
de Descartes : c'est par là qu'il est entièrement opposé à l'esprit de la véritable science, dont il s'est fait à d'autres égards
une idée si haute et si juste. Il a trouvé une méthode qui a
son utilité et sa grandeur; son tort est d'avoir cru que c'était
la seule méthode, et de l'avoir appliquée à des sciences auxquelles elle ne convient pas; il n'a pas compris les mérites de
la méthode expérimentale, définie pourtant et célébrée avant
lui par Bacon.

II. — DU DOUTE MÉTHODIQUE.

On voit assez, et Descartes l'a dit lui-même dans la IIIe partie
du *Discours de la Méthode* (p. 45), quelle différence il y a
entre le doute des sceptiques et le doute cartésien ou méthodique. Les sceptiques ne doutent que pour douter; Descartes
ne doute que pour arriver à la vérité. Le doute des sceptiques est définitif : celui de Descartes est provisoire. Le
doute des sceptiques est une fin ; celui de Descartes, un
moyen.

Les raisons que Descartes invoque pour tout révoquer en
doute ont souvent été critiquées. La première est que les sens
nous trompant quelquefois, on ne saurait avoir confiance en
eux. On répond d'ordinaire que les sens bien interrogés ne
nous disent que la vérité, et cette assertion est certainement
exacte. Nous avons déjà vu ci-dessus que c'est un des graves

---

1. *Disc. de la Méth*, VI.

défauts de toute la philosophie cartésienne de faire trop
exclusive la part de la raison pure, et de trop négliger l'expérience. Il reste vrai pourtant que les sens livrés à eux-mêmes,
considérés isolément de la raison qui découvre et exprime les
rapports constants et universels, ne nous donnent que les
matériaux de la science, et non la science. A ce titre, Descartes
n'a pas tort de les considérer comme incapables de nous conduire à la vérité.

Le second argument invoqué par Descartes est que nous
nous trompons quelquefois dans les raisonnements qui semblent les plus clairs. On objecte que ces erreurs sont acci-
dentelles, que nous avons le moyen de les éviter, qu'elles
ne sont pas un motif suffisant pour suspecter en général notre
faculté de raisonner. Cette critique ne nous semble pas très
juste. Tant qu'on n'a pas expliqué comment l'erreur est possible, sans que notre faculté de raisonner soit en défaut, on
ne peut empêcher les sceptiques de remarquer qu'il nous
arrive d'acquiescer à des assertions fausses avec autant de
confiance et de sécurité qu'à celles qui sont appelées vraies;
dès lors ils ont le droit de supposer que nos affirmations les
plus décidées peuvent être inexactes. Le seul moyen de leur
fermer la bouche est de compléter la théorie de la certitude
par une bonne théorie de l'erreur; c'est ce que Descartes a
fait dans la IVᵉ Méditation. Il explique alors comment les
erreurs ou les sophismes sont possibles sans que la légitimité
de notre raison doive être suspectée; il dit alors précisément
ce que lui opposent ses critiques, à savoir que la raison bien
conduite va d'elle-même à la vérité. Mais jusqu'à ce que cette
théorie soit faite, le soupçon qu'il laisse planer sur la raison
semble parfaitement légitime.

L'hypothèse du malin génie, que Descartes laisse de côté
dans le *Discours de la Méthode*, mais qu'il développe dans la
1ʳᵉ Méditation, est de toutes ses raisons de douter celle qui a
soulevé les plus vives objections. M. Garnier entre autres n'a
pas pardonné à Descartes de faire si belle, à ce qu'il semble,
la part du scepticisme. Tout est perdu, à l'en croire, si on fait
une telle concession : il sera impossible de reprendre plus
tard ce qu'on a témérairement accordé; on ne peut revenir
sur ses pas quand on a franchi ce Rubicon de la philosophie :
il faut laisser toute espérance. « Descartes, s'écrie-t-il, ne res-
semble pas, comme il le croit, à l'architecte qui creuse un
fossé pour bâtir, et qui rejette seulement le sable et la terre
mobile, mais à celui qui voudrait rejeter la terre ferme et le
roc même, et fouiller jusqu'au vide, afin d'y replacer ensuite

le fondement de son édifice [1] ! » En outre, et par une conséquence toute naturelle, on lui reproche d'être tombé dans une
contradiction flagrante lorsque plus tard il a voulu rétablir la
certitude.

Cette critique a quelque chose d'étrange. Que reproche-
t-on, en effet, à Descartes? Est-ce d'avoir trouvé cette raison
de douter, d'avoir eu l'esprit trop subtil? Mais d'autres avant
lui l'avaient trouvée; d'autres l'ont trouvée après lui et il serait puéril de reprocher à un philosophe la pénétration de
son esprit. — Est-ce de l'avoir exprimée? Mais, dès l'instant
qu'elle s'était offerte à sa pensée, la sincérité et la franchise
exigeaient qu'il s'en expliquât. — C'est sans doute de l'avoir
admise comme valable et prise au sérieux. Mais ses contradicteurs ne font-ils pas de même quand ils avouent que le scepticisme a cause gagnée si on lui accorde ce point de vue? Que
conseillent-ils donc? Faut-il feindre d'ignorer cet argument,
le tenir pour non avenu, organiser la conspiration du silence,
et parce qu'on refusera de le voir, supposer qu'il n'existe pas?
Mais les sceptiques sont là pour nous le rappeler, et c'est les
supposer trop naïfs que d'espérer leur imposer silence en ne
parlant pas. On peut regretter que cet argument se soit pré-
senté à l'esprit de quelqu'un et maudire le jour où on l'a for-
mulé : mais il y a des choses qui une fois dites ne s'oublient
plus : elles sont comme les fléaux sortis de la boîte de Pan-
dore, et qui n'y rentrent plus.

Le seul parti raisonnable et viril, c'est d'aborder franchement l'examen de cet argument et de le réfuter, si on peut.
C'est ce que Descartes a fait, et il a eu raison. Il ne faut pas
oublier, en effet, que s'il a admis un moment ce *doute hyperbolique*, il l'a plus tard écarté, et qu'il a eu la prétention
d'arracher aux mains des sceptiques cette arme redoutable.

Mais ici encore on le trouve en défaut : c'est, dit-on, au
prix d'une contradiction que Descartes a cru résoudre la
difficulté. Si on veut bien se reporter à la théorie de la connaissance de Descartes, telle que nous l'avons exposée ci-dessus dans notre étude sur la méthode, on se convaincra,
croyons-nous, que Descartes est resté d'accord avec lui-même.

Le doute hyperbolique ne porte, en effet, que sur les choses qui sont connues par déduction: il n'atteint pas l'intuition.
« Que le Dieu trompeur me trompe tant qu'il voudra : il ne
saura jamais faire que je ne sois rien tant que je penserai être
quelque chose [2]. » C'est la doctrine constante de Descartes que

1. *OEuvres philosophiques de Descartes,* t. II, introd.
2. II° Médit., 3.

l'intuition, la vérité actuellement présente, pour tout le temps où elle est clairement conçue, se suffit à elle-même [1]. Dans sa théorie définitive, Descartes explique comment on peut faire l'hypothèse du malin génie, puisque la déduction, éparpillée dans le temps, est un de nos moyens de connaissance, et en même temps il fait voir, en réduisant la déduction à l'intuition, pourquoi cette supposition doit être écartée. On peut, il est vrai, discuter cette réduction : c'est un point qui sera mieux en sa place plus loin, quand il s'agira de la véracité divine. En tout cas, Descartes a vu la difficulté qu'on signale : il y a répondu, bien ou mal, mais ne s'est pas contredit.

En fin de compte, le doute méthodique est légitime. Ce qu'on pourrait contester, c'est la théorie de l'intuition. Pourquoi, si l'on suppose un malin génie, l'intuition elle-même est-elle infaillible? Descartes répond à cela qu'il prend cette intuition et la certitude qu'elle donne comme un fait : il s'efforce vainement de douter, la vérité s'impose à lui, et il est convaincu qu'elle doit s'imposer de même à tout esprit. Au fond de sa théorie, il y a sans doute un acte de la volonté qui adhère librement, mais sans pouvoir faire autrement [2], tant l'évidence nous persuade, à la vérité aperçue. Mais les contradicteurs de Descartes auraient tort de triompher sur ce point, car ils font précisément ce que fait Descartes et Descartes fait ce qu'ils lui reprochent de ne pas faire : il pose la certitude comme un fait qui se suffit à lui-même. Si quelqu'un peut adresser à Descartes la critique qu'on vient de lire, ce sont les sceptiques. Quiconque n'est pas sceptique doit imiter son exemple. Son seul tort, peut-être, et il lui est commun avec ses contradicteurs, c'est de n'avoir pas dit et reconnu assez expressément qu'au fond de toute certitude, à l'origine de toute science, il y a un acte de foi ou de volonté qui affirme la vérité et le pouvoir que nous avons de la connaître.

III. — DU *COGITO, ERGO SUM*.

Du vivant même de Descartes, une difficulté s'est élevée à propos du *Cogito, ergo sum*. A première vue, il semble bien que cette proposition soit la conclusion d'un syllogisme, d'un

---

1. Rép. aux II⁰ object. 30, 33.
2. Voir sur ce point les Lettres XLV et XLVII, t. IV, édit. Garnier. Nous nous permettrons aussi de renvoyer le lecteur au chapitre III de notre livre sur *l'Erreur* (Paris, Germer Baillière, 1870), où nous avons exposé en détail la doctrine de Descartes.

enthymème, dont la formule complète serait : *Tout ce qui pense existe; or je pense; donc j'existe.* Mais il est manifeste qu'un tel raisonnement, si Descartes l'avait fait, serait incorrect. Il vient de déclarer, en effet, qu'il rejette et considère comme douteuses toutes ses anciennes opinions. Comment peut-il donc être certain que tout ce qui pense existe ? En outre, le *Cogito,* au lieu d'être, comme le répète souvent Descartes, le premier principe de sa philosophie, ne serait plus que la conséquence d'un autre principe.

Non seulement l'expression que Descartes a donnée à sa pensée semble indiquer un raisonnement, mais on trouve dans ses œuvres des passages qui semblent confirmer cette interprétation : « Lorsque j'ai dit que cette proposition *Je pense, donc je suis,* est la première et la plus certaine qui se présente à celui qui conduit ses pensées par ordre, je n'ai pas pour cela nié qu'il ne fallût savoir auparavant ce que c'est que pensée, certitude, existence, et que, pour penser, il faut être, et autres choses semblables [1]. » Dans le *Discours de la Méthode,* Descartes semble justifier son assertion par cet axiome évident, que, *pour penser, il faut être.*

En regard de ces textes, cependant, il est aisé d'en placer d'autres tout à fait formels, où Descartes, accusé de cercle vicieux par ses contradicteurs, se défend énergiquement d'avoir voulu faire un raisonnement : « Quand nous apercevons que nous sommes des choses qui pensent, c'est une première notion qui n'est tirée d'aucun syllogisme; et, lorsque quelqu'un dit : *Je pense, donc je suis,* ou *j'existe,* il ne conclut pas son existence de sa pensée comme par la force de quelque syllogisme, mais comme une chose connue de soi : il la voit par une simple inspection de l'esprit; comme il paraît de ce que, s'il la déduisait d'un syllogisme, il aurait dû auparavant connaître cette majeure : *Tout ce qui pense est ou existe.* Mais au contraire elle lui est enseignée de ce qu'il sent en lui-même qu'il ne se peut pas faire qu'il pense, s'il n'existe : car c'est le propre de notre esprit de former des propositions générales de la connaissance des particulières [2]. »

Faut-il supposer, pour concilier ces textes, en apparence contradictoires, que Descartes, surpris par les objections de ses adversaires, a modifié sa théorie, et qu'après avoir d'abord fait un syllogisme, il a tourné sa doctrine de manière à l'éviter ? Nous ne le croyons pas. Il suffit, pour exempter Descartes de tout reproche, de se rappeler sa théorie de la con-

1. *Principes,* I, 10.
2. *Rép. aux IIes objections,* 22.

naissance. Nous avons montré[1] que, pour lui, c'est toujours l'intuition active et concrète de l'esprit qui se trouve à l'origine de la connaissance. Le syllogisme et les formes de la dialectique ne servent qu'à faire connaître aux autres ce que déjà on sait, mais non à le découvrir. Il en est ainsi des principes de géométrie que les enfants, quand on les leur enseigne, découvrent dans une intuition particulière avant de les connaître sous leur forme générale : il en est ainsi de ce principe si simple : *Il est impossible qu'en même temps une chose soit et ne soit pas;* il en est ainsi, à plus forte raison, du *Cogito, ergo sum,* et, sur ce point, il ne semble pas que la pensée de Descartes ait jamais varié.

Mais tout cela n'empêche pas que, les vérités une fois découvertes, on ne puisse les mettre en forme de syllogisme. Il est même bon, de l'aveu de Descartes, de les présenter sous cet aspect, quand on veut les enseigner. On peut donc dire alors, comme le fait Descartes dans le passage des *Principes* rapporté ci-dessus, que, pour affirmer *Je pense, donc je suis,* il faut savoir ce que c'est que pensée, certitude, existence, et que, pour penser, il faut être. Mais, bien que ces connaissances soient nécessaires, ce n'est point en tant qu'on les possède sous leur forme abstraite qu'on en fait usage. Cette idée que, pour penser, il faut être, n'a pas le rôle d'un principe, d'une majeure de syllogisme : toutes les connaissances antérieures, quelles qu'elles soient, s'effacent en quelque sorte au moment où l'esprit, dans un acte d'intuition directe, toujours premier, toujours nouveau, aperçoit que penser, c'est être. Cette intuition n'a point besoin d'appui logique : elle n'est point dérivée logiquement de quelque prémisse, quoique peut-être psychologiquement elle suppose quelque préparation antérieure.

Une autre critique, plus grave, peut être adressée au *Cogito, ergo sum. Je pense,* dit Descartes; mais apparemment il entend par là un simple état de conscience, une manière d'être subjective. Si le fait que nous pensons est incontestable et n'a jamais été contesté, même par les sceptiques les plus décidés, c'est à condition qu'on n'y voie qu'un phénomène. Mais s'il en est ainsi, quand Descartes ajoute comme chose équivalente : *Je suis,* ou bien il entend seulement une existence purement phénoménale; il veut dire : Je suis pour moi, je parais être, je suis en tant que phénomène; ce qui est une pure tautologie, n'avance à rien et ne nous fait pas sortir du point de vue subjectif. Ou bien, et c'est là sa véritable pensée, il donne au

---

1. Voyez ci-dessus, p. 109.

mot *Je suis* un sens plein et complet : il entend une substance, existant par elle-même en dehors et au delà des phénomènes. Mais alors l'égalité posée entre *Cogito* et *Sum* n'est plus légitime, ainsi que l'a fait remarquer Maine de Biran. Les deux termes ne sont plus de même ordre : il y a là, comme on dit aujourd'hui, un brusque passage du subjectif à l'objectif qui n'est plus du tout justifié. Qu'on essaye, comme le recommande Descartes, de mettre le *Cogito,* après qu'il a été découvert, en forme de syllogisme, et on n'y parviendra pas, car de la pensée donnée à titre de phénomène il est clair qu'on ne saurait déduire analytiquement la substance.

Sans doute la difficulté que signale la critique moderne ne s'est pas présentée à l'esprit de Descartes. Il tenait pour accordé, sans y regarder peut-être de très près, que l'esprit humain peut directement saisir la réalité, ou atteindre immédiatement son objet. Ce postulat accordé, le *Cogito* a toute sa valeur : mais il faut l'accorder, expressément ou non.

La conclusion de tout ceci est que le *Cogito, ergo sum* ne peut être tenu pour le premier principe de la philosophie que si on y ajoute cet acte de foi primitif, cette volonté de croire que rien ne peut remplacer, et qui est à l'origine de toute science. La clarté intelligible de ce principe ne suffit pas pour emporter l'adhésion, si la volonté n'y met du sien.

IV. — THÉORIE DE L'AME.

L'argument, par lequel Descartes établit la distinction de l'âme et du corps, est fort simple. J'ai, dit-il, l'idée claire et distincte de la pensée, et cette idée, ce qui est incontestable, n'enveloppe et ne contient rien de ce qui appartient à l'idée d'étendue, autre idée claire et distincte. Les modes de la pensée sont les affections, les volontés, les idées; ceux de l'étendue sont la figure, le mouvement, et il est clair que les uns sont irréductibles aux autres. Voilà un point que Descartes a le mérite d'avoir inébranlablement établi. Or ce que nous concevons clairement et distinctement est vrai : il est donc vrai que l'âme est autre chose que le corps.

Cette démonstration (étant admis le principe cartésien que ce que nous concevons clairement est vrai) est rigoureuse à une condition : c'est que ces mots *pensée* et *âme, étendue* et *corps* soient parfaitement synonymes; en d'autres termes, à condition que l'âme soit uniquement la pensée, que la pensée soit la substance et l'essence de l'âme, que le corps soit étendue et ne soit qu'étendue. En effet, si l'âme n'est pas exclusivement constituée par la pensée, si elle n'est pas uniquement pensée, si la pensée n'est qu'un attribut, si l'âme est une *chose* qui pense, c'est-à-dire une substance dont la pensée est une qualité ; si, d'autre part, le corps n'est pas uniquement étendue, mais s'il est une *chose* étendue, on peut concevoir que la pensée et l'étendue, tout en demeurant absolument irréductibles l'une à l'autre, appartiennent cependant à une même substance ; par suite, l'âme et le corps, au lieu d'être substantiellement distincts, seraient deux aspects, deux manières d'être d'une même chose. C'est précisément la conception à laquelle Spinoza, développant certaines parties de la théorie de Descartes, s'est arrêté.

La question est donc de savoir quelle est, suivant Descartes, l'essence de l'âme. Il faut convenir que sur ce point ses déclarations ne sont pas toujours assez précises. S'il lui arrive de dire, comme dans le *Discours de la Méthode,* que l'âme est une chose dont toute la nature et l'essence n'est que de penser, en d'autres passages il déclare que la pensée n'est qu'un attribut, essentiel il est vrai, d'une substance. « Quand nous considérons la pensée et l'étendue comme les propriétés des substances dont elles dépendent, nous les distinguons aisément de ces substances et les prenons pour telles qu'elles sont véritablement, au lieu que si nous les voulions considérer sans substance, cela pourrait être cause que nous les prendrions pour des choses qui subsistent d'elles-mêmes, en sorte que nous confondrions l'idée que nous devons avoir de la substance avec celle que nous devons avoir de ses propriétés[1]. »

Il est vrai que, quelques lignes auparavant, Descartes dit : « Nous ne devons point concevoir la pensée et l'étendue autrement que comme la substance même qui pense et qui est étendue, c'est-à-dire comme l'âme et le corps, car nous les connaissons en cette sorte très clairement et très distinctement. Il est même plus aisé de connaître une substance qui pense ou une substance étendue que la substance toute seule, laissant à part si elle pense ou si elle est étendue, parce qu'il y a quelque difficulté à séparer la notion que nous avons de la substance de celle que nous avons de la pensée et de l'étendue ; car elles ne diffèrent de la substance que par cela seul que nous considérons quelquefois la pensée ou l'étendue sans faire réflexion sur la chose même qui pense ou qui est

---

1. *Principes*, I, 64.

étendue[1]. » Et, ailleurs, à propos de l'étendue : « Je conçois entièrement la même chose quand je dis : *L'étendue occupe le lieu,* que si je disais : *Ce qui a de l'étendue occupe le lieu.* Et cependant, il ne suit pas de là qu'il vaille mieux, pour éviter l'équivoque, se servir de ces mots : *ce qui a de l'étendue,* car ils n'exprimeraient pas aussi nettement ce que nous concevons, c'est-à-dire qu'un sujet quelconque occupe le lieu, parce que lui, le sujet, a de l'étendue[2]. »

Il résulte de tous ces textes que si Descartes emploie le mot *res,* substance, c'est ou par une vieille habitude, ou pour éviter des objections faciles à prévoir, ou par nécessité de langage. Mais cette chose, aveugle et inconnue, est pour lui à peu près comme si elle n'était pas. Le fond de sa pensée semble être que la substance de l'âme est uniquement la pensée; la substance du corps uniquement l'étendue. Il n'en faut pas davantage, nous l'avons vu, pour que sa distinction de l'âme et du corps soit légitime.

Une autre critique a été adressée souvent à Descartes. On lui reproche, en définissant l'âme uniquement par la pensée, d'avoir méconnu sa vraie nature, qui est la force ou l'activité, de l'avoir définie par son acte plutôt que par son essence. On oppose sa théorie à celle de Leibnitz qui fait consister l'essence de l'âme dans la force.

Il importe pourtant de remarquer que quand il écrit le mot : pensée, Descartes ne considère pas seulement les opérations de l'intelligence, il désigne par là aussi bien la volonté que la raison. « Je suis une chose qui pense, c'est-à-dire qui doute, qui affirme, qui nie, qui connaît peu de choses, qui en ignore beaucoup, qui aime, qui hait, qui veut, qui ne veut pas, qui imagine aussi[3]... »

En outre, s'il est un philosophe qui ait fait à la volonté une large part dans son système, c'est assurément Descartes. Il la déclare infinie, même dans l'homme[4]; c'est elle qui juge ou affirme[5]; enfin c'est la volonté divine qui a établi les vérités éternelles, et le vrai comme le bien dépendent eux-mêmes de la volonté libre et indifférente de Dieu[6]. Au fond, la pensée pour Descartes ne se distingue guère de la volonté, et il se rapproche de Leibnitz plus qu'il ne paraît d'abord.

1. *Principes,* I, 63.
2. *Règles pour la direction de l'esprit,* règle XIV.
3. IIIe Méditation, 1.
4. IVe Médit., 7.
5. *Ibid.*
6. Lettre XLV, XLVI. Voyez ci-dessous, p. 152.

Ces réserves faites, il faut convenir que Descartes envisage plus souvent dans l'âme les opérations intellectuelles : ses disciples, Malebranche surtout, ont exagéré encore, et en sont venus à supprimer toute l'activité libre de l'âme. Leibnitz, au contraire, sans séparer, dans sa définition des monades, la conscience et l'activité, la *perception* et l'*appétition*, ne sacrifie jamais, même en apparence, la seconde à la première, et, à ce titre, sa doctrine peut être déclarée préférable.

Une conséquence de cette théorie, que Descartes a expressément acceptée, c'est que *l'âme pense toujours*. Et, en effet, si son essence est de penser, cesser de penser, même un seul instant, ce serait cesser d'être.

Cette assertion, soutenue *a priori* par Descartes, semble étrange à première vue. On peut cependant la confirmer par de bonnes raisons *a posteriori*. Dans l'état de veille, l'étude de l'association des idées nous montre que l'âme ne cesse pas un moment de penser. Pendant le sommeil, nous pensons quand nous rêvons. Il est vrai que nous ne croyons pas rêver toujours; mais on sait qu'il nous arrive souvent de rêver, comme l'attestent des paroles ou des cris que d'autres personnes entendent, sans nous en souvenir au réveil: il est donc possible que nous rêvions toujours. Divers faits, l'humeur où nous nous trouvons au réveil, la possibilité de nous réveiller à une heure fixée d'avance, le travail de la mémoire pendant la nuit, donnent à penser qu'il en est réellement ainsi. La théorie de Descartes acquiert donc un haut degré de probabilité. On la compléterait heureusement en y ajoutant la théorie des *petites perceptions* de Leibnitz.

V. — DES PREUVES DE L'EXISTENCE DE DIEU.

Les trois preuves de l'existence de Dieu que donne Descartes présentent ce caractère commun qu'elles supposent toutes l'idée de la perfection. Le point de départ de la première est la présence en nous de l'idée du parfait; celui de la seconde est notre propre existence, mais en tant que nous avons l'idée du parfait; la troisième, enfin, considère l'idée du parfait en général, *in abstracto*, quel que soit l'esprit qui la possède, l'être qui se la représente.

Par ce caractère, les preuves cartésiennes diffèrent essentiellement de celles qui étaient adoptées dans les écoles, au temps où la philosophie d'Aristote y régnait. On invoquait surtout la preuve *des causes finales*, ou l'argument du *premier moteur*, en un mot, des preuves physiques. Il est clair que Descartes est obligé d'écarter absolument ce genre de preuves, puisque, au moment où il veut établir l'existence de Dieu, il ne sait pas encore s'il y a un monde sensible. Bien loin de prouver Dieu par le monde, c'est de l'existence de Dieu qu'il conclut à l'existence du monde.

Il suit de là que toutes les preuves cartésiennes sont *métaphysiques*. En un sens, on pourrait dire que les deux premières sont *a posteriori,* puisque elles ont pour point de départ un fait d'expérience interne, à savoir la présence en nous de l'idée du parfait, et notre existence à nous qui avons cette idée. Cependant il faut se souvenir que l'idée du parfait, à un autre point de vue, est *a priori* ou innée; quant à notre existence, il s'agit pour Descartes, uniquement, de l'existence intellectuelle de l'âme ou de la pensée. Or ce n'est pas forcer les termes que de dire que l'esprit est inné à lui-même. Aussi caractérise-t-on mieux les arguments invoqués par Descartes, outre qu'on évite toute équivoque, en disant que tous sont *a priori*.

1re Preuve. — Cette preuve, dont on trouve une exposition complète dans la IIIe Méditation, repose tout entière sur ce principe que tout a une cause, et qu'il doit y avoir dans la cause de quoi expliquer tout ce qui est dans l'effet..

J'ai l'idée du parfait. Or cette idée ne me vient pas des sens, car les sens, on le sait, ne fournissent, selon Descartes, que des idées confuses. Elle ne me vient pas non plus de moi-même : car elle renferme quelque chose, à savoir la perfection, que je n'ai pas. Comment donner ce qu'on n'a pas? Si j'étais la seule cause de cette idée, elle ne représenterait que ce qui est en moi, c'est-à-dire qu'elle n'envelopperait pas la perfection. L'image ne représente rien qui ne soit dans l'original. Dira-t-on que je suis la cause de cette idée en cet autre sens que je l'aurais formée moi-même à l'aide d'éléments empruntés de divers côtés, avec des pièces de rapport, comme on forme l'idée d'une chimère? Mais il faudrait pour cela qu'elle fût composée, et elle est essentiellement simple, claire et distincte. Aucun travail de l'esprit sur lui-même ou sur les données qu'il possède ne peut en rendre compte. Pour parler le langage de Descartes, elle n'appartient ni au groupe des idées *adventices,* c'est-à-dire obtenues par les sens, ni au groupe des idées *factices,* c'est-à-dire obtenues par l'imagination; elle est *innée,* c'est-à-dire que sa présence en nous est un fait primitif, irréductible, inexplicable par toutes les causes connues dans le monde sensible ou en nous-mêmes.

Il faut pourtant l'expliquer; cette idée a une cause, car

elle n'est pas un pur rien. Sans doute toutes nos idées, en
tant que modes de la pensée ont pour cause l'esprit, dont
elles sont les états. Mais l'esprit est indifférent à telle ou telle
idée: il les porte toutes indistinctement. Son action, qui est
la même pour toutes, n'explique donc pas en quoi elles diffèrent les unes des autres; elle ne rend pas compte de leur contenu, de la propriété qu'elles ont de représenter telle ou
telle chose, de leur objet. L'idée du parfait doit donc avoir, en
dehors de nous et du monde, une cause, et une cause qui
possède réellement tout ce qui est en elle *objectivement*[1], c'est-
à-dire par représentation; en un mot une cause parfaite, qui
est Dieu.

Cette preuve semble absolument irréprochable, pourvu
qu'on reconnaisse le principe de causalité tel que l'entend ici
Descartes, et qu'on lui donne la portée absolue qu'il lui attribue. C'est un point que quelques philosophes, Kant par exemple, ne lui accordent pas. Mais ce n'est pas ici le lieu d'insister sur cette question.

2ᵉ *Preuve.* — J'existe, et j'ai l'idée du parfait. Mais d'où me
vient mon existence? Ce n'est pas de moi, car, puisque j'ai
l'idée du parfait, si je m'étais donné l'existence, je me serais
du même coup donné la perfection. C'est en effet un des
axiomes de Descartes que « c'est une chose plus grande et
plus difficile de créer ou conserver une substance, que de
créer ou conserver ses propriétés[2] ». Pouvant me donner l'être,
j'aurais pu *a fortiori* me donner la perfection, qui est une manière d'être; et je l'aurais voulu, car la volonté se porte toujours vers le plus grand bien, et il suffit de bien juger pour
bien faire[3].

Dira-t-on que mon être me vient de mes parents qui l'ont
eux-mêmes reçu avant de le transmettre, et ainsi à l'infini?
Descartes, différant encore en cela d'Aristote, qui disait :
il faut s'arrêter, ne considère pas comme impossible cette
régression à l'infini, *datur talis progressus ad infinitum*[4]. Seul

---

1. On remarquera que Descartes donne à ce mot *objectif* un sens
tout différent de celui qu'il a pris dans la langue d'aujourd'hui. « Par
la réalité objective d'une idée, j'entends l'entité ou l'être de la chose
représentée par cette idée, en tant que cette entité est dans l'idée. »
Rép. aux IIᵉˢ objections, 59.
2. Rép. aux IIᵉˢ objections, axiome IX, n° 82.
3. *Disc. de la Méth.*, p. 45.
4. Lettre XLVIII.

lement, cette explication a le défaut de ne rien expliquer. En effet, comme Descartes le répète souvent[1], les diverses parties du temps sont indépendantes les unes des autres; le fait d'exister à un moment donné n'explique donc pas l'existence au moment suivant; il faut une autre cause. La persistance de l'existence à travers les générations, la continuité·de l'existence dans la discontinuité du temps ne peut être expliquée que par une cause existante par elle-même et parfaite, c'est-à-dire Dieu.

On voit assez, sans qu'il soit nécessaire d'insister, les réserves qu'on peut faire sur cette démonstration. Le principe qu'il est plus difficile de donner l'être que de donner une qualité n'est pas évident, et n'est pas démontré. L'assertion que la volonté va toujours et nécessairement au plus grand bien est contredite par le sens commun (*Video meliora, proboque Deteriora sequor*), et contestée par les vrais partisans du libre arbitre. Enfin la théorie de la création continuée soulève aussi de nombreuses objections, dont la principale est que cette perpétuelle intervention de Dieu dans nos actes supprime toute liberté. Cette preuve est certainement moins claire et moins satisfaisante que la précédente.

3ᵉ *Preuve.* — Cet argument, appelé *ontologique,* repose uniquement sur le principe d'identité. Par définition, l'être parfait est celui qui possède toutes les perfections; or l'existence est une perfection; donc l'être parfait existe. Étant donnée l'idée du parfait, la nécessité logique nous oblige à dire qu'il existe, exactement comme, étant donnée l'idée de triangle, nous sommes contraints d'avouer que la somme des angles est égale à deux droits.

Cependant une objection se présente, que Descartes indique et résout dans la Vᵉ Méditation. Étant donnée l'idée de montagne, je ne puis en séparer l'idée de vallée : mais il ne s'ensuit pas qu'il existe réellement, en dehors de mon esprit, ni montagne ni vallée. De même ne pourrait-on dire que, étant donnée l'idée du parfait, je ne puis en séparer l'idée d'existence, mais qu'il reste à savoir si, en dehors de mon esprit, il y a un être parfait qui existe?

Cette objection, d'après Descartes, ne peut servir qu'à mieux mettre en lumière la valeur de la preuve, et le caractère propre de l'idée du parfait. En effet, cette idée possède

---

1. Rép. aux IIᵉˢ object., axiome II, nº 75. — Rép. aux Vᵉˢ objections, 35, etc.

le privilége unique, qui la distingue de toute autre, que c'est, non pas une *propriété*, une *manière d'être*, comme quand il s'agit de montagne ou de triangle, mais l'*existence même* qu'elle renferme. Vous pouvez définir la montagne ou le triangle sans impliquer l'existence, et c'est pourquoi il pourrait se faire qu'il n'y eût ni montagne ni triangle réel. La raison d'être, comme dit Descartes (*ratio essendi*), est ici autre que la définition ou l'*essence*. Ainsi, pour savoir qu'il existe des montagnes et des triangles, il faut, comme on le verra plus tard, invoquer une raison extérieure à ces définitions, à savoir la véracité divine. Quand il s'agit de l'idée du parfait au contraire, par une vertu qui n'est qu'à elle, vous ne pouvez la définir sans comprendre l'existence dans la définition, puisque l'existence est une perfection. Ici la raison d'être et l'essence (*ratio essendi et ratio cognoscendi*) ne font qu'un.

Cette démonstration qu'on ne peut se défendre à première vue, ainsi que Descartes en convient lui-même[1], de prendre pour un sophisme, avait déjà été présentée, sous une forme un peu différente, par saint Anselme, dans le *Proslogium*, et elle avait provoqué, de la part d'un moine de Noirmoutiers nommé Gaunilon, des objections très fortes et pénétrantes, analogues à celles que Gassendi et Kant lui opposèrent plus tard. Du vivant de Descartes, elle fut vivement attaquée par Gassendi. Leibnitz la soumit à un examen minutieux, et finit par l'adopter avec une légère correction. Enfin Kant lui adressa les deux reproches que voici :

1° D'abord, si on pose l'idée du parfait, il est vrai qu'on ne peut sans contradiction ne pas poser en même temps l'existence. Mais rien ne nous oblige à la poser; et dès lors il n'y a plus contradiction à ne pas dire que le parfait existe.

2° Tout l'argument cartésien revient à dire que l'existence, étant une perfection, est comprise analytiquement dans l'idée de la perfection. Mais il n'en est rien. L'existence n'est pas une de ces choses qui puissent servir de prédicat, être enveloppées dans une idée générale, au même titre que les divers attributs qui en forment la compréhension. Par exemple, si à l'idée d'animal vous ajoutez la qualité raisonnable, vous augmentez, vous enrichissez votre concept, il contient un élément de plus qu'auparavant. Mais si vous ajoutez l'existence, si vous dites : L'animal existe, votre idée de l'animal est elle changée? y avez-vous ajouté quelque chose? Sans doute, c'est autre

_____

1. Rép. aux I^{res} object., 12.

chose d'exister, et autre chose d'être conçu; mais la chose
qui est ne contient logiquement rien de plus que l'idée de
cette chose. « Cent thalers réels ne contiennent rien de plus
que cent thalers possibles. Car, comme les thalers possibles
expriment le concept et les thalers réels l'objet et sa position
en lui-même, si celui-ci contenait plus que celui-là, mon
concept n'exprimerait plus l'objet tout entier, et par
conséquent il n'y serait plus conforme[1]. » De même l'être
n'est pas compris comme un prédicat réel dans l'idée du
parfait; on peut l'affirmer du parfait, poser le parfait, mais
ce sera pour des raisons étrangères à l'idée du parfait. Cette
assertion n'y est point nécessairement liée, étant d'un autre
ordre. Par suite, la preuve cartésienne, si vantée, « perd sa
peine, et l'on ne deviendra pas plus riche en connaissances
avec de simples idées, qu'un marchand ne le deviendrait en
argent, si, dans la pensée d'augmenter sa fortune, il ajoutait
quelques zéros à son livre de caisse[2] ».

Cette critique de Kant semble absolument décisive.

VI. — DE L'ÉVIDENCE ET DE LA VÉRACITÉ DIVINE.

Tout ce qui est conçu clairement et distinctement est
vrai, dit Descartes. Puis, partant de ce principe, il démontre
l'existence de Dieu, et, cette démonstration faite, il ajoute :
C'est parce que Dieu existe que ce que nous concevons clairement et distinctement est vrai. N'y a-t-il pas là un cercle
vicieux évident? C'est l'autorité de l'évidence qui sert à
prouver Dieu; puis Dieu qui sert à prouver l'autorité de l'évidence. Cette accusation a été portée contre Descartes par ses
contradicteurs; il y a répondu. Néamoins la question a
donné lieu à bien des controverses : on a tour à tour absous
et condamné Descartes. De nos jours, d'excellents critiques
persistent à lui reprocher un cercle vicieux. Nous oserons
soutenir que ce reproche n'est pas fondé.

Tout d'abord, il est utile de démêler deux choses qui ont
été souvent confondues. La véracité divine, suivant Descartes,
doit être invoquée dans deux occasions bien distinctes :
d'abord, quand il s'agit de l'existence réelle des corps; ensuite, pour confirmer ce principe que ce que nous concevons
clairement est vrai.

1. *Crit. de la Raison pure*, t. II, p. 191, trad. Barni.
2. *Ibid.*, p. 194.

Il y a une différence capitale entre l'idée de la pensée, dont la claire intuition suffit à nous assurer de notre existence réelle, entre l'idée de Dieu qui implique l'existence néces- saire, et, d'autre part, l'idée de l'étendue ou des corps, dont aucune intuition immédiate ne peut nous assurer qu'elle cor- respond à un objet. De l'idée d'un triangle, on ne saurait, par aucun effort de pensée, conclure qu'il existe un triangle. Il faut ici tenir compte de la propension que nous avons à croire à cette existence et qui remplace en quelque sorte l'intuition. Mais cela n'est possible que si nous savons déjà que Dieu existe, que nos idées ne sont pas trompeuses. On peut dis- cuter cette théorie de Descartes, mais il est clair qu'il n'y a pas jusqu'ici de cercle vicieux.

Où le cercle vicieux apparaît, c'est quand Descartes nous dit que la clarté et la distinction elles-mêmes ont besoin de l'appui de la véracité divine. « Les sceptiques, dit-il, n'au- raient jamais douté des vérités géométriques s'ils eussent connu Dieu comme il faut[1]. » Il ne s'agit plus ici de distinguer entre ce qui est dans notre entendement et ce qui est hors de notre entendement, ce qu'on appelle, dans la langue d'aujour- d'hui, le subjectif et l'objectif. Voici que les vérités mathé- matiques elles-mêmes, abstraction faite de leurs objets réels, n'ont de valeur que si Dieu n'est pas trompeur. Leur clarté et leur distinction ne sont pas une suffisante garantie, le cercle vicieux semble incontestable.

Cependant Descartes le conteste : « Premièrement, nous sommes assurés que Dieu existe pour ce que nous prêtons notre attention aux raisons qui nous prouvent son existence; mais après cela, il suffit que nous nous ressouvenions d'avoir conçu une chose clairement pour être assurés qu'elle est vraie, ce qui ne suffirait pas si nous ne savions que Dieu existe, et qu'il ne peut être trompeur[2]. »

Pour bien entendre la doctrine de Descartes sur cette question, il faut se rappeler la distinction qu'il fait entre l'in- tuition immédiate ou la déduction qui s'y ramène, et d'autre part le souvenir, qui nous rend, après un certain temps écoulé, des connaissances antérieures. L'intuition, c'est-à-dire la con- naissance claire et distincte de la vérité présente, se suffit toujours à elle-même. Elle n'a besoin d'aucune garantie exté- rieure, pas même de celle de Dieu.

Mais, dira-t-on, Descartes n'admet-il pas qu'au moment où nous croyons voir une chose distinctement, nous pouvons

1. Lettre LXII.
2. Rép. aux IVᵉˢ objections, 63. — Cf. Lettre XXXI.

être dupes d'un malin génie et, par suite, qu'il faut invoquer la véracité divine pour nous garder contre ce danger? En aucune façon : « Si notre croyance, dit-il dans un texte trop peu remarqué, est si ferme que nous ne puissions jamais avoir aucune raison de douter de ce que nous croyons de la sorte, il n'y a rien à rechercher davantage; nous avons touchant cela toute la certitude qui se peut raisonnablement souhaiter. Car, que nous importe si peut-être quelqu'un feint que cela même, de la vérité duquel nous sommes si fermement persuadés, paraît faux aux yeux de Dieu ou des anges, et que partant, absolument parlant, il est faux; qu'avons-nous à faire de nous mettre en peine de cette fausseté absolue, puisque nous ne la croyons point du tout, et que nous n'en avons pas même le moindre soupçon [1]? »

Ainsi, ce n'est pas la véracité divine qui nous garantit la certitude immédiate et intuitive. Elle se garantit elle-même. Descartes souscrirait au mot de Spinoza : *Verum index sui.* Il en est tout autrement quand il s'agit du souvenir, des choses auxquelles nous avons cessé de penser. C'est ici qu'il faut une garantie extérieure. Au moment précis où je vois clairement que deux et deux font quatre, je n'ai que faire de la véracité divine; mais si, sans appliquer ma raison à cette vérité, je me souviens seulement de l'avoir connue, il n'y a plus ni intuition ni raisonnement. Mais pourquoi ce qui était vrai tout à l'heure l'est-il encore à présent? Les divers moments du temps, Descartes le répète souvent, sont indépendants les uns des autres : puisque le moment présent n'est pas lié aux précédents, il pourrait se faire que ce qui était vrai ait cessé de l'être. Il faut donc, ici comme dans la théorie de la création continuée, relier par un lien commun les divers points du temps, et comme l'intuition ne procède que par fulgurations discontinues, combler en quelque sorte ses lacunes par cette action toujours égale de Dieu qui maintient, en la renouvelant à chaque instant, la vérité. — La véracité divine est, dans l'ordre de la connaissance, ce que la création continuée est dans l'ordre de l'existence.

Dès lors, on voit comment Descartes échappe au cercle vicieux. L'évidence qui sert à prouver l'existence de Dieu n'est pas la même que celle dont il dit qu'elle est garantie par Dieu. Jusqu'au moment où nous avons prouvé l'existence de Dieu, l'évidence, qui est l'acte même d'intuition, n'a pas besoin de la véracité divine.

1. Rép. aux IIes object., 30.

Dira-t-on que cette explication peut valoir pour ce qui est connu intuitivement, comme notre existence dans le *Cogito*, mais non pour ce qui est connu par le raisonnement, comme l'existence de Dieu? Car ici, la pensée étant discursive, le temps et la mémoire interviennent. Ne faut-il donc pas, pour arriver à cette preuve, invoquer cette véracité divine qui en résulte, et ne retombons-nous pas dans le cercle vicieux ? Non, suivant Descartes, parce qu'il y a ici un mouvement continu et ininterrompu de la pensée qui fait du raisonnement l'équivalent d'une intuition[1]. « Dans l'idée de Dieu, ce n'est pas seulement une existence possible qui se trouve contenue, mais une existence absolument nécessaire. Car de cela seul, et sans aucun raisonnement, ils connaîtront que Dieu existe, et il ne leur sera pas moins clair et évident, sans autre preuve, qu'il est manifeste que deux est un nombre pair et que trois est un nombre impair, et choses semblables. Car il y a des choses qui sont ainsi connues sans preuves par quelques-uns, que d'autres n'entendent que par un long discours et raisonnement [2]. »

En résumé, il y a dans la théorie de l'évidence deux moments, deux stades. D'abord l'acte immédiat et intuitif, concret par lequel nous percevons la vérité : cette évidence ne s'appuie sur rien et sert à démontrer Dieu. Ensuite le *principe*[3] que tout ce qui est clairement conçu est vrai, c'est-à-dire l'opération par laquelle nous passons du concret à l'abstrait, du particulier au général, exactement comme d'une intuition géométrique concrète nous nous élevons à un principe abstrait. Il s'agit, comme dit Descartes dans le *Discours,* « de considérer en *général* ce qui est requis à une proposition pour être vraie et certaine[4]». Or nous ne pouvons dépasser le moment présent, étendre à l'infini l'horizon de nos intuitions que parce que nous connaissons l'existence et la perfection de Dieu. C'est la connaissance de Dieu qui nous met en possession de ce droit et nous permet de vaincre le temps.

Il n'y a donc pas, dans la théorie cartésienne, de cercle vicieux.

_____

VII. — DE L'IDÉALISME DE DESCARTES.

On a vu dans le *Discours de la Méthode* et on peut voir plus au long dans la VIᵉ Méditation comment Descartes prouve

_____

1. Voir ci-dessus, *De la Méthode*, p. 99.
2. Rép. aux IIᵉˢ object., 71.
3. Sur le sens du mot *principe,* chez Descartes, voir ci-dessus, *De la Méthode,* p. 102.
4. P. 49.

l'existence du monde extérieur. Nous ne le connaissons pas directement par les sens; nous ne le percevons pas immédiatement tel qu'il est. Ou du moins, la seule chose que nous en connaissions, ce sont les images et les idées qui sont en notre esprit : que ces images et ces idées correspondent à des réalités véritables, c'est ce que nous savons indirectement, grâce à la véracité divine : il n'est pas possible que les idées que Dieu nous a données avec une si forte propension à les croire vraies soient trompeuses. En un mot, Descartes est *idéaliste*.

On lui en a souvent fait un reproche : il ne manque pas de gens auxquels il est impossible de faire comprendre que l'idéalisme est autre chose que le scepticisme. Pourtant, en ce qui concerne la connaissance du monde sensible, il est impossible, après les découvertes de la physiologie moderne, de contester que tout ce que nous en connaissons se réduit à des états de conscience, comme l'avaient déjà bien compris Descartes et bien d'autres philosophes. Sans entrer ici dans une longue discussion, il suffira de montrer l'opinion des savants compétents et de reproduire les pages qu'un éminent physiologiste de notre temps, M. Huxley, a écrites, précisément pour justifier Descartes sur ce point :

« Toutes nos conceptions de l'existence sont une forme quelconque de la pensée. Ne croyez pas un instant qu'il s'agisse ici de purs paradoxes ou de subtilités. Pour peu que vous réfléchissiez aux faits les plus communs, vous reconnaîtrez que ce sont des vérités irréfragables. Ainsi par exemple je prends une bille, et je reconnais que c'est un petit corps rouge, rond, dur, unique. Cette couleur rouge, cette forme ronde, cette résistance, cette unité, nous appelons tout cela des qualités de la bille, et dire que ces qualités sont des modes de notre propre conscience, dont nous ne pouvons même pas concevoir l'existence dans la bille, semble de prime abord le comble de l'absurdité! Mais, pour commencer, considérez la couleur rouge. Comment se produit cette sensation du rouge? Les ondes d'une certaine matière des plus ténues, dont les particules vibrent avec une rapidité extrême, bien que cette rapidité soit loin d'être la même pour chacune d'elles, rencontrent la bille, et celles de ces ondes qui vibrent à un certain taux se réfléchissent sur sa surface dans tous les sens. L'appareil optique de l'œil rassemble un certain nombre de ces ondes, et les dirige de telle sorte, qu'elles frappent la surface de la rétine, membrane des plus délicates, se rattachant à la terminaison des fibres du nerf optique. Les impulsions de cette matière si ténue, l'éther,

affectent cet appareil et les fibres du nerf optique d'une cer
taine façon ; le changement qui s'effectue dans les fibres du
nerf optique produit d'autres changements dans le cerveau, et
ces changements déterminent, d'une façon qui nous est inconnue, la sensation ou la conscience de la couleur rouge. Si
la rapidité de la vibration de l'éther ou si la nature de la rétine pouvaient être changées, la bille restant la même, elle
ne nous paraîtrait plus rouge, elle aurait pour nous une autre
couleur. Il y a bien des gens affectés d'un certain état de la
vision, appelé *Daltonisme*, et qui consiste dans l'incapacité de
reconnaître une couleur d'une autre. Un daltonique pourrait
dire que cette bille est verte, et il aurait raison, comme nous
avons raison en disant qu'elle est rouge. Mais comme la bille
ne peut être par elle-même à la fois verte et rouge, ceci montre que la qualité du rouge réside en notre conscience et non
dans la bille.

« De même il est facile de voir que la rondeur et la solidité
sont les formes de notre conscience, appartenant à ces
groupes que nous appelons *les sensations de la vue et du toucher.* Si la surface de la cornée était cylindrique, nous aurions
d'un corps rond une notion bien différente de celle que nous
en avons; et si la force de nos organes, celle de nos muscles,
devenait cent fois plus grande, notre bille nous semblerait
molle comme une boulette de mie de pain.

« Non seulement il est évident que toutes ces qualités sont
en nous, mais, de plus, si vous voulez en faire la tentative,
vous reconnaîtrez l'impossibilité de concevoir l'existence
d'une couleur, d'une forme, d'une résistance, sans la rattacher à une connaissance comparable à la nôtre. Il peut sembler étrange de dire que même l'unité de la bille se rapporte
à nous; mais des expériences fort simples prouvent qu'il en
est réellement ainsi, et que les deux sens sur lesquels nous
pouvons compter le plus peuvent se contredire l'un l'autre
sur le point même. Prenez la bille dans les doigts, regardez-la
comme à l'ordinaire; la vue et le toucher s'accordent, elle
est unique. Louchez maintenant, la vue vous dira qu'il y a
deux billes, tandis que le toucher affirme qu'il n'y en a qu'une.
Puis rendez aux yeux leur position normale, et prenez la bille
entre la pulpe des doigts index et médius après les avoir
croisés l'un sur l'autre : le toucher vous dira alors qu'il y a
deux billes, et la vue, qu'il n'y en a qu'une, et cependant le
toucher réclame notre confiance, quand nous nous adressons
à lui, tout aussi absolument que la vue.

« Mais on dira que la bille occupe un certain espace qui ne

pourrait être occupé en même temps par aucune autre chose.
En d'autres termes, la bille est douée d'étendue, qualité pri-
mordiale de la matière, et assurément cette qualité doit être
dans la chose, et non dans notre esprit. Mais ici encore il faut
répondre : que ceci ou cela existe ou n'existe pas dans la chose,
tout ce que nous pouvons savoir relativement à ses qualités
n'est qu'un état de notre conscience. Ce que nous appelons
l'étendue est la connaissance d'une relation entre deux ou un
plus grand nombre d'affections du sens de la vue et du toucher.
Il est entièrement inconcevable que ce que nous appelons
l'étendue existe indépendamment d'une pensée consciente
comparable à la nôtre. Que malgré l'impossibilité de concevoir l'étendue indépendamment de nous, elle existe par elle-
même ou n'existe pas, c'est là un point relativement auquel
je ne puis me prononcer.

« Ainsi, quoi que puisse être notre bille par elle-même, je
ne puis la connaître que sous la forme d'un faisceau de pensées conscientes qui me sont propres[1]. »

VIII. — DE LA PHYSIQUE DE DESCARTES.

Une fois l'existence de la matière établie, on a vu comment
Descartes explique la formation de l'univers. Tout dans le
monde sensible se fait *mécaniquement,* par la seule application des lois du mouvement, sans l'intervention d'aucune
cause extérieure.

C'est à ce caractère mécaniste de la physique de Descartes
que Pascal faisait allusion, quand il accusait ce philosophe de
n'avoir fait intervenir Dieu que pour donner une *chiquenaude*
au monde, et ensuite expliquer le monde sans Dieu. Rien n'est
plus injuste ; la création de la matière, l'établissement des lois
du mouvement fondées sur la perfection divine, la création
continuée, enfin l'intervention nouvelle et expresse de Dieu
pour créer l'âme humaine, attestent assez clairement que
Descartes n'a jamais songé à diminuer le rôle de la Divinité.

Ce qui est vrai, c'est qu'il a cherché une explication scientifique du monde, et ce n'est certes pas faire injure à Dieu.
Or cette explication se rencontre en ce qu'elle a d'essentiel
avec les tendances de la science moderne. Descartes, et c'est

1. HUXLEY, *les Sciences naturelles et les problèmes qu'elles font surgir*, XIV ; Paris, J.-B. Baillière, 1877.

là une de ses gloires, a deviné deux siècles à l'avance la véritable théorie du monde.

Ce n'est pas que tout soit irréprochable dans sa doctrine. Sa méthode, nous l'avons vu, est tout le contraire de la vérité. Ce n'est pas *a priori* qu'on doit expliquer le monde physique ; c'est *a posteriori,* à la suite d'observations et d'expériences fréquemment répétées et sagement interprétées. Mais, quels que soient de ce côté les défauts du système cartésien, il n'en reste pas moins vrai que Descartes a eu une vue de génie quand il a compris que les phénomènes physiques et même les phénomènes de la vie se réduisent en dernière analyse à des mouvements. D'Alembert, au siècle dernier, en un temps où Descartes était méconnu et bafoué, a proclamé avec une juste admiration les mérites de sa doctrine. De nos jours, une réaction favorable à Descartes s'est produite, et les savants dont l'autorité peut être le moins contestée lui ont rendu les plus honorables témoignages. Il convient, en une pareille question, de leur laisser la parole.

« Nous ne pouvons nier, dit M. Renouvier, à une époque où nous tendons à la constitution d'une physique générale, que Descartes, le grand géomètre qui a découvert le principe d'unité des méthodes mathématiques, ne soit aussi le grand physicien spéculatif qui, le premier, depuis les écoles de l'antiquité, nous a révélé en aperçu l'unité du monde physique, et enseigné l'esprit d'une explication mécanique des phénomènes[1]. »

Voici maintenant comment le grand physiologiste anglais Huxley s'exprime sur le compte de Descartes : « De tous les penseurs, celui qui d'après moi représen te mieux que tout autre la souche et le tronc de la philosophie et de la science modernes, c'est René Descartes. Je m'explique : celui qui s'attache à un des résultats caractéristiques de la pensée moderne, soit en fait de philosophie, soit en fait de science, reconnaîtra que le sens, sinon la forme de cette pensée, était présent à l'esprit du grand Français.

« Certains hommes sont réputés grands parce qu'ils représentent l'actualité de leur époque et nous la reflètent telle qu'elle est. Voltaire était de ceux-là, et on a pu dire de lui, en manière d'épigramme : Il a, plus que personne, l'esprit qu'a tout le monde. Personne, en effet, n'exprimait mieux que lui la pensée de tous.

« Mais d'autres hommes sont grands parce qu'ils représen-

___
1. *Critique philosophique,* 3e année, t. I, p. 2.

tent tout ce que leur époque a de forces latentes, et leur magie consiste à nous refléter l'avenir. Ils expriment les pensées
qui seront celles de tout le monde deux ou trois siècles après
eux. Tel fut René Descartes.

« .... Comme un navire, dont toutes les voiles déployées
pendaient au mât pendant le calme, bondit tout à coup sous la
brise favorable, de même l'esprit de Descartes, lesté du doute
qui y avait fait l'équilibre, s'abandonna aux sciences physiques
et au mode de la pensée physique, qui l'entraînèrent par leurs
puissantes impulsions. Il ne tarda pas à dépasser ses grands
contemporains, Galilée et Harvey, les initiateurs de ce mouvement scientifique; et, par la hardiesse de sa pensée spécula-
tive, il eut la prévision des conclusions que les recherches de
plusieurs générations de travailleurs pouvaient seules établir
sur une base solide.

« Descartes vit que les découvertes de Galilée signifiaient que
les lois mécaniques gouvernent les points les plus éloignés de
l'univers, et celles de Harvey lui firent comprendre que ces
mêmes lois président aux opérations de cette partie du monde
la plus rapprochée de nous, à savoir notre propre structure
corporelle. De ce centre il s'élança à la vaste circonférence
du monde, par un de ces élans puissants qui sont le propre
du génie, et chercha à ramener tous les phénomènes de l'univers à la matière et au mouvement, ou à la force agisssant
selon des lois. Cette belle conception avait été indiquée dans le
Discours de la Méthode; il la développa plus amplement dans
les *Principes* et dans le *Traité de l'homme*, employa à la faire
valoir la puissance extraordinaire de ses lumières et arriva
dans ce dernier essai à cette interprétation purement mécanique des phénomènes vitaux que la physiologie moderne s'efforce de confirmer. »

Après avoir cité les pages où Descartes explique sa théorie,
l'auteur continue en ces termes : « L'esprit de ces passages est
exactement celui qui anime la physiologie la plus avancée du
jour présent; pour les faire coïncider par la forme avec notre
physiologie actuelle, il suffit de représenter les détails du travail de la machine animale en langage moderne et à l'aide de
conceptions modernes.

« Bien certainement la digestion des aliments dans le corps
humain est une pure opération chimique, comme le passage
des parties nutritives de ces aliments dans le sang est une opération physique. Il est hors de doute que la circulation du
sang est simplement une question de mécanique; elle résulte
de la structure et de l'arrangement des parties du cœur et des

vaisseaux, de la contractilité de ces organes et de ce que cette contractilité est réglée par un appareil nerveux, agissant automatiquement. De plus, les progrès de la physiologie ont fait voir que la contractilité des muscles et l'irritabilité des nerfs résultent simplement du mécanisme moléculaire de ces organes, et que les mouvements réguliers des organes de la respiration, de la digestion, comme ceux de tous les autres organes internes, sont dirigés et gouvernés de la même façon mécanique par les centres nerveux qui leur sont appropriés. Le rythme régulier de la respiration de chacun de nous dépend de l'intégrité structurale d'une certaine région de la moelle allongée, tout aussi bien que le tic-tac d'une horloge dépend de l'intégrité de l'échappement. Vous pouvez enlever les aiguilles d'une horloge, en briser la sonnerie, mais son tic-tac continuera; et un homme peut être incapable de sentir, de parler, de se mouvoir, et cependant il continuera à respirer [1]. »

Il y a une importante conclusion à tirer de cette conformité des vues de Descartes avec les idées de la science moderne. Idéaliste et mécaniste, Descartes a compris autant que personne le véritable esprit de la science. En même temps, on a vu avec quelle fermeté il établit l'existence de l'âme et celle de Dieu. Assurément on n'accusera pas un tel homme de s'être contredit grossièrement en croyant concilier des choses inconciliables. En réalité, et l'exemple de Descartes le prouve, on peut faire aux sciences positives les concessions les plus larges, être animé de leur esprit, admettre toutes leurs découvertes et même celles de l'avenir, sans abandonner pour cela la croyance à la réalité de l'esprit et aux vérités morales. C'est un point bon à noter en présence de certaines prétentions de quelques-uns des savants de nos jours. Il n'est pas vrai, comme on a eu le tort de le dire quelquefois, que la science renverse les antiques croyances et qu'elle soit inconciliable avec elles.

IX. — DE L'AUTOMATISME DES BÊTES.

L'automatisme des bêtes n'est pas un accident dans le système de Descartes ; c'est une conséquence nécessaire des principes posés au début. Néanmoins, si cette étrange doc-

---

1. HUXLEY, *les Sciences naturelles et les problèmes qu'elles font surgir*, XIV. — (Paris, J.-B. Baillière, 1877.)

trine n'avait pour elle que d'être nécessaire pour la régula-
rité du système cartésien, il faudrait convenir que la démonstration serait insuffisante. Aussi Descartes a-t-il essayé de
justifier par des arguments directs la doctrine où le développement de ses principes l'avait conduit.

Ces arguments, on l'a vu dans le texte, sont au nombre de
deux. Les animaux sont dépourvus de toute intelligence et
même de toute sensibilité : 1° parce qu'ils sont incapables de
parler ; 2° parce qu'ils ne savent pas modifier leurs actions
suivant les circonstances.

On peut dire de ces arguments que ni l'un ni l'autre n'est
concluant. De ce que les animaux ne parlent pas, il suit seulement qu'ils sont incapables d'abstraire et de généraliser,
d'accomplir les opérations supérieures de la pensée. A vrai
dire, c'est là une chose qui semble incontestable, et c'est la
part de vérité que renferme la thèse de Descartes. Comme l'a
montré de nos jours M. Max Muller, le langage rationnel demeure une barrière infranchissable entre l'homme et l'animal. Mais si les bêtes n'ont pas assez d'esprit pour créer un
langage comme le nôtre, artificiel et abstrait, il ne s'ensuit pas
qu'elles n'aient pas d'esprit du tout. Si les hautes opérations
de la pensée leur sont inaccessibles, il reste à prouver que
les opérations inférieures, le souvenir, l'imagination, l'association des idées, le langage naturel, leur sont impossibles.
Voilà ce que l'argument de Descartes ne prouve pas. Il prouve
encore moins qu'à défaut d'intelligence proprement dite, on ne
doive pas reconnaître aux animaux l'instinct, c'est-à-dire
une disposition intérieure accompagnée de sentiment et de
désir.

Le second argument succombe aussi sous une critique
semblable. En supposant que les animaux soient incapables
de varier leurs actes (ce qui peut être très facilement contesté), il en résulte seulement qu'ils n'ont pas l'esprit in-
ventif, mais non qu'ils n'ont pas d'esprit du tout. Ils peuvent
être capables d'associer des idées et de se souvenir ; il est
vrai que Descartes considère ces opérations comme corporelles, mais là encore sa théorie est contestable. Ce que son
argument est surtout incapable de prouver, c'est que les animaux sont dépourvus d'instinct, au sens où l'ancienne philosophie prenait ce terme. — Au surplus, les divers aspects de
cette question ont été mis en lumière par Bossuet dans
l'admirable chapitre qui termine le *Traité de la connaissance
de Dieu et de soi-même.*

On sait que cette doctrine des animaux-machines a soulevé,

dès le xvii° siècle, de vives récriminations de la part de Mme de
Sévigné, par exemple, et de La Fontaine : la fable des *Souris
et du Chat-Huant, les Deux Rats, le Renard et l'Œuf,* malgré
l'admiration que l'auteur professe pour le génie de Descartes,
protestent contre une théorie trop manifestement contraire
au sens commun. Au siècle suivant, on s'est beaucoup moqué
de l'automatisme. De notre temps, les progrès de la physiologie ont prouvé que cette doctrine contient une très grande
part de vérité : non seulement les animaux, mais nous-mêmes
sommes automates dans un grand nombre de nos actions; les
physiologistes en donnent des preuves aussi curieuses qu'irréfragables, et M. Huxley, que nous avons déjà cité, fait voir
que Descartes aurait beau jeu, s'il revenait, à énumérer à
l'appui de sa théorie des preuves nouvelles et entièrement
inconnues de son temps.

Mais, quelles que soient les apparences, il est certain que
les animaux ne sont pas des machines. Tout le monde sent
bien que la théorie de Descartes est fausse, mais comment le
prouver? On le peut d'une manière très simple. Personne,
pas même Descartes, ne doute de l'intelligence des autres
hommes; or, comment la connaissons-nous? Uniquement par
induction et en interprétant d'après notre propre expérience les
paroles que nous leur entendons prononcer, ou les actes que
nous leur voyons accomplir. Or le même argument vaut pour
les animaux. Comme ils font souvent les mêmes actes que
nous accomplissons nous-mêmes sous l'influence d'un sentiment ou d'une idée, nous sommes en droit de dire qu'ils ont
des sentiments ou des idées. Il faut se garder sans doute de
leur prêter trop généreusement des sentiments trop élevés ou
des idées compliquées. La règle est de leur attribuer juste
autant d'intelligence qu'il en faut pour expliquer leurs actions.

EXTRAITS

DES

ŒUVRES DE DESCARTES

I. — AVERTISSEMENT

DE LA PREMIÈRE ÉDITION FRANÇAISE DES MÉDITATIONS.

Le Libraire au Lecteur.

La satisfaction que je puis promettre à toutes les personnes d'esprit dans la lecture de ce livre, pour ce qui regarde l'auteur et les traducteurs, m'oblige à prendre garde plus soigneusement à contenter aussi le lecteur de ma part, de peur que toute sa disgrâce ne tombe sur moi seul. Je tâche donc à le satisfaire et par mon soin dans cette impression et par ce petit éclaircissement, dans lequel je dois ici avertir de trois choses qui sont de ma connaissance particulière, et qui serviront à la leur (c'est-à-dire à la connaissance des personnes d'esprit). La première est quel a été le dessein de l'auteur lorsqu'il a publié cet ouvrage en latin; la seconde, comment il paraît aujourd'hui traduit en français; et la troisième, quelle est la qualité de cette version.

1° Lorsque l'auteur, après avoir conçu cés Méditations dans son esprit, résolut d'en faire part au public, ce fut autant par la crainte d'étouffer la vérité qu'à dessein de la soumettre à tous les doctes. A cet effet il leur voulut parler dans leur langue et à leur mode, et renferma toutes ses pensées dans le latin et les termes de l'école. Son intention n'a point été frustrée, et son livre a été mis à la question dans tous les tribunaux de la philosophie; les objections jointes à ces Méditations le témoignent assez, et montrent bien que les savants du siècle se sont donné la peine d'examiner ses propositions avec rigueur. Ce n'est pas à moi à examiner avec quel succès, puisque c'est moi qui les pré-

sente aux autres pour les en faire juges. Il me suffit de croire
pour moi et d'assurer les autres que tant de grands hommes
n'ont pu se choquer sans produire beaucoup de lumière.

2° Cependant ce livre passe des universités dans les
palais des grands, et tombe entre les mains d'une personne
très éminente[1]. Après en avoir lu les Méditations et les avoir
jugées dignes de sa mémoire, il prit la peine de les traduire
en français, soit que par ce moyen il se voulût rendre plus
propres et plus familières ces notions assez nouvelles, soit
qu'il n'eût d'autre dessein que d'honorer l'auteur par une
si bonne marque de son estime. Depuis, une autre personne[2],
aussi de mérite, n'a pas voulu laisser imparfait cet ouvrage
si parfait, et, marchant sur les traces de ce seigneur, a mis
en notre langue les objections qui suivent les Méditations,
avec les réponses qui les accompagnent, jugeant bien que,
pour plusieurs personnes, le français ne rendrait pas ces
Méditations plus intelligibles que le latin, si elles n'étaient
accompagnées des objections et de leurs réponses, qui en
sont comme les commentaires. L'auteur, ayant été averti
de la bonne fortune des unes et des autres, a non seulement consenti, mais aussi désiré et prié ces messieurs de
trouver bon que ces versions fussent imprimées, parce qu'il
avait remarqué que ces Méditations avaient été accueillies
et reçues avec quelque satisfaction par un plus grand nombre de ceux qui ne s'appliquent pas à la philosophie de
l'école, que de ceux qui s'y appliquent. Ainsi, comme il
avait donné sa première impression latine au désir de
trouver des contredisants, il a cru devoir cette seconde
française au favorable accueil de tant de personnes qui,
goûtant déjà ses nouvelles pensées, semblaient désirer
qu'on leur ôtât la langue et le goût de l'école pour les ac-
commoder au leur.

3° On trouvera partout cette version assez juste, et si
religieuse que jamais elle ne s'est écartée du sens de l'auteur. Je le pourrais assurer sur la seule connaissance que
j'ai de la lumière de l'esprit des traducteurs, qui facilement n'auront pas pris le change; mais j'en ai encore une
autre certitude plus authentique, qui est qu'ils ont, comme
il était juste, réservé à l'auteur le droit de revue et de correction. Il en a usé, mais pour se corriger plutôt qu'eux,
et pour éclaircir seulement ses propres pensées; je veux

1. M. le duc de Luynes.
2. Clerselier.

dire que, trouvant quelques endroits où il lui a semblé qu'il ne les avait pas rendues assez claires dans le latin pour toutes sortes de personnes, il les a voulu ici éclaircir par quelque petit changement que l'on reconnaîtra bientôt en conférant le français avec le latin. Ce qui a donné le plus de peine aux traducteurs dans tout cet ouvrage a été la rencontre de quantité de mots de l'art, qui, étant rudes et barbares dans le latin même, le sont beaucoup plus dans le français, qui est moins libre, moins hardi et moins accoutumé à ces termes de l'école. Ils n'ont osé pourtant les ôter partout, parce qu'il leur eût fallu alors changer le sens, ce que leur défendait la qualité d'interprètes qu'ils avaient prise. D'autre part, lorsque cette version a passé sous les yeux de l'auteur, il l'a trouvée si bonne qu'il n'en a jamais voulu changer le style, et s'en est toujours défendu par sa modestie et l'estime qu'il fait de ses traducteurs; de sorte que, par une déférence réciproque, les uns et les autres les ayant quelquefois laissés, il en est resté quelques-uns dans cet ouvrage.

J'ajouterais maintenant, s'il m'était permis, que ce livre contenant des Méditations fort libres, et qui peuvent même sembler extravagantes à ceux qui ne sont pas accoutumés aux spéculations de la métaphysique, il ne sera ni utile ni agréable aux lecteurs qui ne pourront appliquer leur esprit avec beaucoup d'attention à ce qu'ils lisent, ni s'abstenir d'en juger avant de l'avoir assez examiné. Mais j'ai peur qu'on ne me reproche que je passe les bornes de mon métier, ou plutôt que je ne le sais guère, de mettre un si grand obstacle au débit de mon livre par cette large exception de tant de personnes à qui je ne l'estime pas propre. Je me tais donc, et n'effarouche plus le monde; mais auparavant je me sens encore obligé d'avertir les lecteurs d'apporter beaucoup d'équité et de docilité à la lecture de ce livre; car s'ils viennent avec cette mauvaise humeur et cet esprit contrariant de quantité de personnes qui ne lisent que pour disputer, et qui, faisant profession de chercher la vérité, semblent avoir peur de la trouver, puisqu'au même moment qu'il leur en paraît quelque ombre ils tâchent de la combattre et de la détruire, ils n'en feront jamais profit ni jugement raisonnable. Il le faut lire sans prévention, sans précipitation, et à dessein de s'instruire, donnant d'abord à son auteur l'esprit d'écolier, pour prendre peu après celui de censeur. Cette méthode est si nécessaire pour cette lecture, que je la puis nommer la clef du livre, sans laquelle personne ne le saurait bien entendre.

II. — A MESSIEURS LES DOYENS ET DOCTEURS
DE LA SACRÉE FACULTÉ DE THÉOLOGIE DE PARIS.

MESSIEURS,

La raison qui me porte à vous présenter cet ouvrage est si juste, et quand vous en connaîtrez le dessein, je m'assure que vous en aurez aussi une si juste de le prendre en votre protection, que je pense ne pouvoir mieux faire, pour vous le rendre en quelque sorte recommandable, que de vous dire en peu de mots ce que je m'y suis proposé. J'ai toujours estimé que les deux questions de Dieu et de l'âme étaient les principales de celles qui doivent plutôt être démontrées par les raisons de la philosophie que de la théologie ; car, bien qu'il nous suffise, à nous autres qui sommes fidèles, de croire par la foi qu'il y a un Dieu, et que l'âme humaine ne meurt point avec le corps, certainement il ne semble pas possible de pouvoir jamais persuader aux infidèles aucune religion, ni quasi même aucune vertu morale, si premièrement on ne leur prouve ces deux choses par raison naturelle : et d'autant qu'on propose souvent en cette vie de plus grandes récompenses pour les vices que pour les vertus, peu de personnes préféreraient le juste à l'utile, si elles n'étaient retenues ni par la crainte de Dieu, ni par l'attente d'une autre vie : et quoiqu'il soit absolument vrai qu'il faut croire qu'il y a un Dieu, parce qu'il est ainsi enseigné dans les saintes Écritures, et d'autre part qu'il faut croire les saintes Écritures, parce qu'elles tiennent de Dieu (la raison de cela est que la foi étant un don de Dieu, celui-là même qui donne la grâce pour faire croire les autres choses la peut aussi donner pour faire croire qu'il existe), on ne saurait néanmoins proposer cela aux infidèles, qui pourraient s'imaginer que l'on commettrait en ceci la faute que les logiciens nomment un cercle.

Et de vrai, j'ai pris garde que vous autres, messieurs, avec tous les théologiens, n'assuriez pas seulement que l'existence de Dieu se peut prouver par raison naturelle, mais aussi que l'on infère de la sainte Écriture que sa connaissance est beaucoup plus claire que celle que l'on a de plusieurs choses créées, et qu'en effet elle est si facile que ceux qui ne l'ont point sont coupables ; comme il paraît par ces paroles de la Sagesse, chap. XIII, où il est dit que *leur ignorance n'est point pardonnable ; car si leur esprit a pénétré si avant dans la connaissance des choses du monde, comment est-il possible qu'ils n'en aient point reconnu plus facilement le souverain Seigneur?* et aux Romains, chap. I, il est dit qu'ils sont *inexcusables ;* et encore au même endroit, par ces paroles, *Ce qui est connu de Dieu est manifeste dans eux,* il semble que nous soyons avertis que tout ce qui se peut savoir de Dieu peut être montré par des raisons qu'il n'est pas besoin de tirer d'ailleurs que de nous-mêmes, et de la simple considération de la nature de notre esprit. C'est pourquoi j'ai cru qu'il ne serait pas contre le devoir d'un philosophe si je faisais voir ici comment et par quelle voie nous pouvons, sans sortir de nous-mêmes, connaître Dieu plus facilement et plus certainement que nous ne connaissons les choses du monde.

Et pour ce qui regarde l'âme, quoique plusieurs aient cru qu'il n'est pas aisé d'en connaître la nature, et que quelques-uns aient même osé dire que les raisons humaines nous persuadaient qu'elle mourait avec le corps, et qu'il n'y avait que la seule foi qui nous enseignât le contraire ; néanmoins, d'autant que le concile de Latran, tenu sous Léon X, en la session 8, les condamne, et qu'il ordonne expressément aux philosophes chrétiens de répondre à leurs arguments et d'employer toutes les forces de leur esprit pour faire connaître la vérité, j'ai bien osé l'entreprendre dans cet écrit. De plus, sachant que la principale raison qui fait que plusieurs impies ne veulent point croire qu'il y a un Dieu, et que l'âme humaine est distincte du corps, est qu'ils disent que personne jusqu'ici n'a pu démontrer ces deux choses, quoique je ne sois point de leur opinion, mais qu'au contraire je tienne que la plupart des raisons qui ont été apportées par tant de grands personnages touchant ces deux questions sont autant de démonstrations quand elles sont bien entendues, et qu'il soit presque impossible d'en inventer de nouvelles ; si est-ce que je crois qu'on ne saurait rien faire de plus utile en la philosophie que d'en rechercher une fois avec soin les meilleures, et les disposer en un ordre si clair et si exact qu'il soit constant désormais à tout le monde que ce sont de véritables démonstrations ; et enfin, d'autant que plusieurs personnes ont désiré cela de moi, qui ont connaissance que j'ai cultivé une certaine méthode pour résoudre toutes sortes de difficultés dans les sciences, méthode qui de vrai n'est pas nouvelle, n'y ayant rien de plus ancien que la vérité; mais de laquelle ils savent que je me suis servi assez heureusement en d'autres rencontres, j'ai pensé qu'il était de mon devoir d'en faire aussi l'épreuve sur une matière si importante.

Or j'ai travaillé de tout mon possible pour comprendre dans ce traité tout ce que j'ai pu découvrir par son moyen. Ce n'est pas que j'aie ici ramassé toutes les diverses raisons qu'on pourrait alléguer pour servir de preuve à un si grand sujet; car je n'ai jamais cru que cela fût nécessaire, sinon lorsqu'il n'y en a aucune qui soit certaine; mais seulement j'ai traité les premières et principales d'une telle manière, que j'ose bien les proposer pour de très évidentes et très certaines démonstrations. Et je dirai de plus qu'elles sont telles, que je ne pense pas qu'il y ait aucune voie par où l'esprit humain en puisse jamais découvrir de meilleures; car l'importance du sujet et la gloire de Dieu, à laquelle tout ceci se rapporte, me contraignent de parler ici un peu plus librement de moi que je n'ai de coutume. Néanmoins, quelque certitude et évidence que je trouve en mes raisons, je ne puis pas me persuader que tout le monde soit capable de les entendre. Mais tout ainsi que dans la géométrie il y en a plusieurs qui nous ont été laissées par Archimède, par Apollonius, par Pappus et par plusieurs autres, qui sont reçues de tout le monde pour très certaines et très évidentes parce qu'elles ne contiennent rien qui, considéré séparément, ne soit très facile à connaître, et que partout les choses qui suivent ont une exacte liaison et dépendance avec celles qui les précèdent; néanmoins, parce qu'elles sont un peu longues et qu'elles demandent un esprit tout entier, elles ne sont comprises et entendues que de fort peu de personnes; de même, encore que j'estime que celles dont je me sers ici égalent ou même surpassent en certitude et évidence les démonstrations de géométrie, j'appréhende néanmoins qu'elles ne puissent pas être assez suffisamment entendues de plusieurs, tant parce qu'elles sont aussi un peu longues et dépendantes les unes des autres, que principalement parce qu'elles demandent un esprit entièrement libre de tous préjugés, et qui se puisse aisément détacher du commerce des sens. Et, à dire vrai, il ne s'en trouve pas tant dans le monde qui soient propres pour les spéculations de la métaphysique que pour celles de la géométrie. Et, de plus, il y a encore cette différence que, dans la géométrie, chacun étant prévenu de cette opinion qu'il ne s'y avance rien dont on n'ait une démonstration certaine, ceux qui n'y sont pas entièrement versés pêchent bien plus souvent en approuvant de fausses démonstrations, pour faire croire qu'ils les entendent, qu'en réfutant les véritables. Il n'en est pas de même dans la philosophie, où chacun croyant que tout y est problématique, peu de personnes s'adonnent à la recherche de la vérité; et même beaucoup, se voulant acquérir la réputation d'esprits forts, ne s'étudient à autre chose qu'à combattre avec arrogance les vérités les plus apparentes.

C'est pourquoi, messieurs, quelque force que puissent avoir mes raisons, parce qu'elles appartiennent à la philosophie, je n'espère pas qu'elles fassent un grand effet sur les esprits, si vous ne les prenez en votre protection. Mais l'estime que tout le monde fait de votre compagnie étant si grande et le nom de Sorbonne d'une telle autorité que, non seulement en ce qui concerne la foi, après les sacrés conciles, on n'a jamais tant déféré au jugement d'aucune autre compagnie, mais aussi en ce qui regarde l'humaine philosophie, chacun croyant qu'il n'est pas possible de trouver ailleurs plus de solidité et de connaissance, ni plus de prudence et d'intégrité pour donner son jugement, je ne doute point, si vous daignez prendre tant de soin de cet écrit que de vouloir premièrement le corriger (car ayant connaissance non seulement de mon infirmité, mais aussi de mon ignorance, je n'oserais pas assurer qu'il n'y ait aucunes erreurs), puis après y ajouter les choses qui y manquent, achever celles qui ne sont pas parfaites, et prendre vous-mêmes la peine de donner une explication plus ample à celles qui en ont besoin, ou du moins de m'en avertir afin que j'y travaille; et enfin, après que les raisons par lesquelles je prouve qu'il y a un Dieu et que l'âme humaine diffère d'avec le corps auront été portées jusques à ce point de clarté et d'évidence où je m'assure qu'on les peut conduire, qu'elles devront être tenues pour de très exactes démonstrations, si vous daignez les autoriser de votre approbation et rendre un témoignage public de leur vérité et certitude, je ne doute point, dis-je, qu'après cela toutes les erreurs et fausses opinions qui ont jamais été touchant ces deux questions ne soient bientôt effacées de l'esprit des hommes. Car la vérité fera que tous les doctes et gens d'esprit souscriront à votre jugement et votre autorité, que les athées, qui sont pour l'ordinaire plus arrogants que doctes et judicieux, se dépouilleront de leur esprit de contradiction, ou que peut-être ils défendront eux-mêmes les raisons qu'ils verront être reçues par toutes les personnes d'esprit pour des démonstrations, de peur de paraître n'en avoir pas l'intelligence; et enfin tous les autres se rendront aisément à tant de témoignages, et il n'y aura plus personne qui ose douter de l'existence de Dieu, et de la distinction réelle et véritable de l'âme humaine avec le corps.

C'est à vous maintenant à juger du fruit qui reviendrait de cette créance si elle était une fois bien établie, vous qui voyez les désordres que son doute produit; mais je n'aurais pas ici bonne grâce de recommander davantage la cause de Dieu et de la religion à ceux qui en ont toujours été les plus fermes colonnes.

III. — PRÉFACE DES MÉDITATIONS.

J'ai déjà touché ces deux questions de Dieu et de l'âme humaine dans le Discours français que je mis en lumière en l'année 1637, touchant la méthode pour bien conduire sa raison et chercher la vérité dans les sciences, non pas à dessein d'en traiter alors à fond, mais seulement comme en passant, afin d'apprendre, par le jugement qu'on en ferait, de quelle sorte j'en devrais traiter par après; car elles m'ont toujours semblé être d'une telle importance que je jugeais qu'il était à propos d'en parler plus d'une fois; et le chemin que je tiens pour les expliquer est si peu battu et si éloigné de la route ordinaire, que je n'ai pas cru qu'il fût utile de le montrer en français et dans un discours qui pût être lu de tout le monde, de peur que les faibles esprits ne crussent qu'il leur fût permis de tenter cette voie.

Or, ayant prié, dans ce *Discours de la Méthode*, tous ceux qui auraient trouvé dans mes écrits quelque chose digne de censure de me faire la faveur de m'en avertir, on ne m'a rien objecté de remarquable que deux choses sur ce que j'avais dit touchant ces deux questions, auxquelles je veux répondre ici en peu de mots avant que d'entreprendre leur explication plus exacte.

La première est qu'il ne s'ensuit pas de ce que l'esprit humain, faisant réflexion sur soi-même, ne se connaît être autre chose qu'une chose qui pense, que sa nature ou son essence ne soit seulement que de penser ; en telle sorte que ce mot *seulement* exclue toutes les autres choses qu'on pourrait peut-être aussi dire appartenir à la nature de l'âme.

A laquelle objection je réponds que ce n'a point aussi été en ce lieu-là mon intention de les exclure selon l'ordre de la vérité de la chose (de laquelle je ne traitais pas alors), mais seulement selon l'ordre de ma pensée ; si bien que mon sens était que je ne connaissais rien que je susse appartenir à mon essence, sinon que j'étais une chose qui pense, ou une chose qui a en soi la faculté de penser. Or je ferai voir ci-après comment, de ce que je ne connais rien autre chose qui appartienne à mon essence, il s'en suit qu'il n'y a aussi rien autre chose qui, en effet, lui appartienne.

La seconde est qu'il ne s'ensuit pas, de ce que j'ai en moi l'idée d'une chose plus parfaite que je ne suis, que cette idée soit plus parfaite que moi, et beaucoup moins que ce qui est représenté par cette idée existe.

Mais je réponds que dans ce mot d'*idée* il y a ici de l'équivoque ; car, ou il peut être pris matériellement pour une opération de mon entendement, et en ce sens on ne peut pas dire qu'elle soit plus parfaite que moi ; ou il peut être pris objectivement pour la chose qui est représentée par cette opération, laquelle, quoiqu'on ne suppose point qu'elle existe hors de mon entendement, peut néanmoins être plus parfaite que moi, à raison de son essence. Or dans la suite de ce traité je ferai voir plus amplement comment, de cela seulement que j'ai en moi l'idée d'une chose plus parfaite que moi, il s'ensuit que cette chose existe véritablement [1].

De plus, j'ai vu aussi deux autres écrits assez amples sur cette matière, mais qui ne combattaient pas tant mes raisons que mes conclusions, et ce par des arguments tirés des lieux communs des athées. Mais parce que ces sortes d'arguments ne peuvent faire aucune impression dans l'esprit de ceux qui entendront bien mes raisons, et que les jugements de plusieurs sont si faibles et si peu raisonnables qu'ils se laissent bien plus souvent persuader

---

1. Voyez la troisième Méditation.

par les premières opinions qu'ils auront eues d'une chose,
pour fausses et éloignées de la raison qu'elles puissent
être, que par une solide et véritable, mais postérieure-
ment entendue, réfutation de leurs opinions, je ne veux
piont ici y répondre, de peur d'être premièrement obligé
de les rapporter.

IV. — ABRÉGÉ

DES SIX MÉDITATIONS.

Dans la première, je mets en avant les raisons pour
lesquelles nous pouvons douter généralement de toutes
choses, et particulièrement de choses matérielles, au moins
tant que nous n'aurons point d'autres fondements dans les
sciences que ceux que nous avons eus jusqu'à présent. Or,
bien que l'utilité d'un doute si général ne paraisse pas
d'abord, elle est toutefois en cela très grande, qu'il nous
délivre de toutes sortes de préjugés, et nous prépare un
chemin très facile pour accoutumer notre esprit à se détacher des sens, et enfin en ce qu'il fait qu'il n'est pas possible que nous puissions jamais plus douter des choses que
nous découvrirons par après être véritables.

Dans la seconde, l'esprit qui, usant de sa propre liberté,
suppose que toutes les choses ne sont point, de l'existence
desquelles il a le moindre doute, reconnaît qu'il est absolument impossible que cependant il n'existe pas lui-même.
Ce qui est aussi d'une très grande utilité, d'autant que par
ce moyen il fait aisément distinction des choses qui lui
appartiennent, c'est-à-dire à la nature intellectuelle, et de
celles qui appartiennent au corps.
Mais parce qu'il peut arriver que quelques-uns atten-
dront de moi en ce lieu-là des raisons pour prouver l'immortalité de l'âme, j'estime les devoir ici avertir qu'ayant tâché
de ne rien écrire dans tout ce traité dont je n'eusse des
démonstrations très exactes, je me suis vu obligé de suivre
un ordre semblable à celui dont se servent les géomètres, qui
est d'avancer premièrement toutes les choses desquelles
dépend la proposition que l'on cherche, avant que d'en
rien conclure.

Or la première et principale chose qui est requise pour bien connaître l'immortalité de l'âme est d'en former une conception claire et nette, et entièrement distincte de toutes les conceptions que l'on peut avoir du corps, ce qui a été fait en ce lieu-là. Il est requis, outre cela, de savoir que toutes les choses que nous concevons clairement et distinctement sont vraies, de la façon que nous les concevons, ce qui n'a pu être prouvé avant la quatrième Méditation. De plus, il faut avoir une conception distincte de la nature corporelle, laquelle se forme partie dans cette seconde, et partie dans la cinquième et la sixième Méditation. Et enfin l'on doit conclure de tout cela que les choses que l'on conçoit clairement et distinctement être des substances diverses, ainsi que l'on conçoit l'esprit et le corps, sont en effet des substances réellement distinctes les unes des autres, et c'est ce que l'on conclut dans la sixième Méditation ; ce qui se confirme encore dans cette même Méditation de ce que nous ne concevons aucun corps que comme divisible, au lieu que l'esprit ou l'âme de l'homme ne se peut concevoir que comme indivisible; car, en effet, nous ne saurions concevoir la moitié d'aucune âme, comme nous pouvons faire du plus petit de tous les corps, en sorte que l'on reconnaît que leurs natures ne sont pas seulement diverses, mais même en quelques façons contraires. Or je n'ai pas traité plus avant de cette matière dans cet écrit, tant parce que cela suffit pour montrer assez clairement que de la corruption du corps la mort de l'âme ne s'ensuit pas, et ainsi pour donner aux hommes l'espérance d'une seconde vie après la mort, comme aussi parce que les prémisses desquelles on peut conclure l'immortalité de l'âme dépendent de l'explication de toute la physique; premièrement, pour savoir que généralement toutes les substances, c'est-à-dire toutes les choses qui ne peuvent exister sans être créées de Dieu, sont de leur nature incorruptibles, et qu'elles ne peuvent jamais cesser d'être, si Dieu même, en leur déniant son concours, ne les réduit au néant; et ensuite pour remarquer que le corps pris en général est une substance, c'est pourquoi aussi il ne périt point ; mais que le corps humain, en tant qu'il diffère des autres corps, n'est composé que d'une certaine configuration de membres et d'autres semblables accidents là où l'âme humaine n'est point ainsi composée d'aucuns accidents, mais est une pure substance. Car encore que tous ses accidents se changent, par exemple encore qu'elle conçoive de certaines choses,

qu'elle en veuille d'autres et qu'elle en sente d'autres, etc.,
l'âme pourtant ne devient point autre, au lieu que le corps
humain devient une autre chose, de cela seul que la figure
de quelques-unes de ses parties se trouve changée : d'où
il s'ensuit que le corps humain peut bien facilement périr,
mais que l'esprit ou l'âme de l'homme (ce que je ne distingue point) est immortelle de sa nature.

Dans la troisième Méditation, j'ai, ce me semble, expliqué assez au long le principal argument dont je me sers
pour prouver l'existence de Dieu. Mais néanmoins, parce
que je n'ai point voulu me servir en ce lieu-là d'aucunes
comparaisons tirées des choses corporelles, afin d'éloigner
autant que je pourrais les esprits des lecteurs de l'usage
et du commerce des sens, peut-être y est-il resté beaucoup d'obscurités (lesquelles, comme j'espère, seront entièrement éclaircies dans les réponses que j'ai faites aux
objections qui m'ont depuis été proposées), comme entre
autres celle-ci : Comment l'idée d'un être souverainement
parfait, laquelle se trouve en nous, contient tant de réalité objective, c'est-à-dire participe par représentation à
tant de degrés d'être et de perfection qu'elle doit venir
d'une cause souverainement parfaite; ce que j'ai éclairci
dans ces réponses par la comparaison d'une machine fort
ingénieuse et artificielle dont l'idée se rencontre dans
l'esprit de quelque ouvrier ; car, comme l'artifice objectif
de cette idée doit avoir quelque cause, savoir est : ou la
science de cet ouvrier, ou celle de quelque autre de qui
il ait reçu cette idée, de même il est impossible que l'idée
de Dieu, qui est en nous, n'ait pas Dieu même pour sa
cause.

Dans la quatrième, il est prouvé que toutes les choses
que nous concevons fort clairement et fort distinctement
sont toutes vraies, et ensemble est expliqué en quoi consiste la nature de l'erreur ou fausseté; ce qui doit nécessairement être su, tant pour confirmer les vérités précédentes que pour mieux entendre celles qui suivent. Mais
cependant il est à remarquer que je ne traite nullement
en ce lieu-là du péché, c'est-à-dire de l'erreur qui se commet dans la poursuite du bien et du mal, mais seulement
de celle qui arrive dans le jugement et le discernement du
vrai et du faux, et que je n'entends point y parler des
choses qui appartiennent à la foi ou à la conduite de la
vie, mais seulement de celles qui regardent les vérités

spéculatives, et qui peuvent être connues par l'aide de la seule lumière naturelle.

Dans la cinquième Méditation, outre que la nature corporelle prise en général y est expliquée, l'essence de Dieu y est encore démontrée par une nouvelle raison, dans laquelle néanmoins peut-être s'y rencontrera-t-il aussi quelques difficultés; mais on en verra la solution dans les réponses aux objections qui m'ont été faites, et de plus je fais voir de quelle façon il est véritable que, de la certitude même des démonstrations géométriques, dépend la connaissance de Dieu.

Enfin, dans la sixième, je distingue l'action de l'entendement d'avec celle de l'imagination; les marques de cette distinction y sont décrites; j'y montre que l'âme de l'homme est réellement distincte du corps, et toutefois qu'elle lui est si étroitement conjointe et unie qu'elle ne compose que comme une même chose avec lui. Toutes les erreurs qui procèdent des sens y sont exposées, avec les moyens de les éviter; et enfin j'y apporte toutes les raisons desquelles on peut conclure l'existence des choses matérielles : non que je les juge fort utiles pour prouver ce qu'elles prouvent, à savoir, qu'il y a un monde, que les hommes ont des corps, et autres choses semblables qui n'ont jamais été mises en doute par aucun homme de bon sens, mais parce que, en les considérant de près, l'on vient à connaître qu'elles ne sont pas si fermes ni si évidentes que celles qui nous conduisent à la connaissance de Dieu et de notre âme, en sorte que celles-ci sont les plus certaines et les plus évidentes qui puissent tomber en la connaissance de l'esprit humain, et c'est tout ce que j'ai eu dessein de prouver dans ces six Méditations; ce qui fait que j'omets ici beaucoup d'autres questions dont j'ai aussi parlé par occasion d   s le traité.

V. — COMMENT NOUS CONNAISSONS LES CHOSES EXTÉRIEURES.

Considérons les choses que l'on estime vulgairement être les plus faciles de toutes à connaître, et que l'on croit aussi être le plus distinctement connues, c'est à savoir les corps que nous touchons et que nous voyons : non pas à la vérité les corps en général, car ces notions générales sont d'ordinaire un peu plus confuses; mais considérons-en un en particulier. Prenons par exemple ce morceau de cire; il vient tout fraîchement d'être tiré de la ruche, il n'a pas encore perdu la douceur du miel qu'il contenait, il retient encore quelque chose de l'odeur des fleurs dont il a été recueilli; sa couleur, sa figure, sa grandeur, sont apparentes; il est dur, il est froid, il est maniable; et si vous frappez dessus, il rendra quelque son. Enfin toutes les choses qui peuvent distinctement faire connaître un corps se rencontrent en celui-ci. Mais voici que pendant que je parle on l'approche du feu; ce qui y restait de saveur s'exhale, l'odeur s'évapore, sa couleur se change, sa figure se perd, sa grandeur augmente, il devient liquide, il s'échauffe, à peine le peut-on manier; et quoique l'on frappe dessus, il ne rendra plus aucun son. La même cire demeure-t-elle encore après ce changement? Il faut avouer qu'elle demeure; personne n'en doute, personne ne juge autrement. Qu'est-ce donc que l'on connaissait en ce morceau de cire avec tant de distinction? Certes ce ne peut être rien de tout ce que j'y ai remarqué par l'entremise des sens, puisque toutes les choses qui tombaient sous le goût, sous l'odorat, sous la vue, sous l'attouchement et sous l'ouïe, se trouvent changées, et que cependant la même cire demeure. Peut être était-ce ce que je pense maintenant, à savoir que cette cire n'était pas ni cette douceur de miel, ni cette agréable odeur de fleurs, ni cette blancheur, ni cette figure, ni ce son, mais seulement un corps qui un peu auparavant me paraissait sensible sous ces formes, et qui maintenant se fait sentir sous d'autres. Mais qu'est-ce, précisément parlant, que j'imagine lorsque je le conçois en cette sorte? Considérons-le attentivement, et, retranchant toutes les choses qui n'appartiennent point à la cire, voyons ce qui reste. Certes il ne demeure rien que quelque chose d'étendu, de flexible et de muable. Or, qu'est-ce que cela, flexible et muable? N'est-ce pas que j'imagine que cette cire, étant ronde, est capable de devenir carrée, et de passer du carré en une figure triangulaire? Non certes, ce n'est pas cela, puisque je la conçois capable de recevoir une infinité de semblables changements; et je ne saurais néanmoins parcourir cette infinité par mon imagination, et par conséquent cette conception que j'ai de la cire ne s'accomplit pas par la faculté d'imaginer. Qu'est-ce maintenant que cette extension? N'est-elle pas aussi inconnue? car elle devient plus grande quand la cire se fond, plus grande quand elle bout, et plus grande encore quand la chaleur augmente; et je ne concevrais pas clairement et selon la vérité ce que c'est que de la cire, si je ne pensais que même ce morceau que nous considérons est capable de recevoir plus de variétés selon l'extension que je n'en ai jamais imaginé. Il faut donc demeurer d'accord que je ne saurais pas même comprendre par l'imagination ce que c'est que ce morceau de cire, et qu'il n'y a que mon entendement seul qui le comprenne. Je dis ce morceau de cire en particulier, car, pour la cire en général, il est encore plus évident. Mais quel est ce morceau de cire qui ne peut être compris que par l'entendement ou par l'esprit? Certes, c'est le même que je vois, que je touche, que j'imagine, et enfin c'est le même que j'ai toujours cru que c'était au commencement. Or, ce qui est ici grandement à remarquer, c'est que sa perception n'est point une vision, ni un attouchement, ni une imagination, et ne l'a jamais été, quoiqu'il le semblât ainsi auparavant; mais seulement une inspection de l'esprit, laquelle peut être imparfaite et confuse, comme elle était auparavant, ou bien claire et distincte, comme elle est à présent, selon que mon attention se porte plus ou moins aux choses qui sont en elle, et dont elle est composée.

Cependant je ne me saurais trop étonner quand je considère combien mon esprit a de faiblesse et de pente qui le porte insensiblement dans l'erreur. Car, encore que sans parler je considère tout cela en moi-même, les paroles toutefois m'arrêtent, et je suis presque déçu par les termes du langage ordinaire; car nous disons que nous voyons la même cire, si elle est présente, et non pas que nous jugeons que c'est la même, de ce qu'elle a même couleur et même figure : d'où je voudrais presque conclure que l'on connaît la cire par la vision des yeux, et non par la seule inspection de l'esprit, si par hasard je ne regardais d'une fenêtre des hommes qui passent dans la rue, à la vue desquels je ne manque pas de dire que je vois des hommes, tout de même que je dis que je vois de la cire : et cependant que vois-je de cette fenêtre, sinon des chapeaux et des manteaux qui pourraient couvrir des machines artificielles qui ne se remueraient que par ressorts? Mais je juge que ce sont des hommes, et ainsi je comprends par la seule puissance de juger, qui réside en mon esprit, ce que je croyais voir de mes yeux.

Un homme qui tâche d'élever sa connaissance au delà du commun doit avoir honte de tirer des occasions de douter des formes de parler que le vulgaire a inventées; j'aime mieux passer outre, et considérer si je concevais avec plus d'évidence et de perfection ce que c'était que de la cire, lorsque je l'ai d'abord aperçue, et que j'ai cru la connaître par le moyen des sens extérieurs, ou à tout le moins par le sens commun, ainsi qu'ils appellent, c'est-à-dire par la faculté imaginative, que je ne la conçois à présent, après avoir plus soigneusement examiné ce qu'elle est, et de quelle façon elle peut être connue. Certes il serait ridicule de mettre cela en doute, car qu'y avait-il dans cette première perception qui fût distinct? qu'y avait-il qui ne semblât pouvoir tomber en même sorte dans le sens du moindre des animaux? Mais quand je distingue la cire d'avec ses formes extérieures, et que, tout de même que si je lui avais ôté ses vêtements, je la considère toute nue, il est certain que, bien qu'il se puisse encore rencontrer quelque erreur dans mon jugement, je ne la puis néanmoins concevoir de cette sorte sans un esprit humain.

Mais enfin que dirai-je de cet esprit, c'est-à-dire de moi-même? car jusques ici je n'admets en moi rien autre chose que l'esprit. Quoi donc! moi qui semble concevoir avec tant de netteté et de distinction ce morceau de cire, ne me connais-je pas moi-même, non seulement avec bien plus de vérité et de certitude, mais encore avec beaucoup plus de distinction et de netteté? car si je juge que la cire est ou existe de ce que je la vois, certes il suit bien plus évidemment que je suis ou que j'existe moi-même de ce que je vois : car il se peut faire que ce que je vois ne soit pas en effet de la cire, il se peut faire aussi que je n'aie pas même des yeux pour voir aucune chose; mais il ne se peut faire que lorsque je la vois, ou, ce que je ne distingue point, lorsque je pense voir, que moi qui pense ne sois quelque chose. De même, si je juge que la cire existe de ce que je la touche, il s'ensuivra encore la même chose, à savoir que je suis; et si je le juge de ce que mon imagination ou quelque autre cause que ce soit me le persuade, je conclurai toujours la même chose. Et ce que j'ai remarqué ici de la cire se peut appliquer à toutes les autres choses qui me sont extérieures et qui se rencontrent hors de moi. Et, de plus, si la notion ou perception de la cire m'a semblé plus nette et plus distincte après que non seulement la vue ou le toucher, mais encore beaucoup d'autres causes, me l'ont rendue plus manifeste, avec combien plus d'évidence, de distinction et de netteté faut-il avouer que je me connais à présent moi-même, puisque toutes les raisons qui servent à connaître et concevoir la nature de la cire, ou de quelque autre corps que ce soit, prouvent beaucoup mieux la nature de mon esprit ; et il se rencontre encore tant d'autres choses en l'esprit même qui peuvent contribuer à l'éclaircissement de sa nature, que celles qui dépendent du corps, comme celles-ci, ne méritent quasi pas d'être mises en compte?

Mais enfin me voici insensiblement revenu où je voulais ; car, puisque c'est une chose qui m'est à présent manifeste que les corps mêmes ne sont pas proprement connus par les sens ou par la faculté d'imaginer, mais par le seul entendement, et qu'ils ne sont pas connus de ce qu'ils sont vus ou touchés, mais seulement de ce qu'ils sont entendus, ou bien compris par la pensée, je vois clairement qu'il n'y a rien qui me soit plus facile à connaître que mon esprit. Mais parce qu'il est malaisé de se défaire si promptement d'une opinion à laquelle on s'est accoutumé de longue main, il sera bon que je m'arrête un peu en cet endroit, afin que par la longueur de ma méditation j'imprime plus profondément en ma mémoire cette nouvelle connaissance.

(Extrait de la IIe Méditation.)

VI. — SUR L'IDÉE DE L'INFINI.

Je ne me dois pas imaginer que je ne conçois pas l'infini par une véritable idée, mais seulement par la négation de ce qui est fini, de même que je comprends le repos et les ténèbres par la négation du mouvement et de la lumière ; puisqu'au contraire je vois manifestement qu'il se rencontre plus de réalité dans la substance infinie que dans la substance finie et, partant, que j'ai en quelque façon premièrement en moi la notion de l'infini que du fini, c'est-à-dire de Dieu que de moi-même ; car comment serait-il possible que je pusse connaître que je doute et que je désire, c'est-à-dire qu'il me manque quelque chose et que je ne suis pas tout parfait, si je n'avais en moi aucune idée d'un être plus parfait que le mien, par la comparaison duquel je connaîtrais les défauts de ma nature?

Et l'on ne peut pas dire que peut-être cette idée de Dieu est matériellement fausse, et par conséquent que je la puis tenir du néant, c'est-à-dire qu'elle peut être en moi pour ce que j'ai du défaut, comme j'ai tantôt dit des idées de la chaleur et du froid, et d'autres choses semblables; car, au contraire, cette idée étant fort claire et fort distincte, et contenant en soi plus de réalité objective qu'aucune autre, il n'y en a point qui de soi soit plus vraie, ni qui puisse être moins soupçonnée d'erreur ou de fausseté.

Cette idée, dis-je, d'un être souverainement parfait et infini est très vraie ; car encore que peut-être l'on puisse feindre qu'un tel être n'existe point, on ne peut pas feindre néanmoins que son idée ne me représente rien de réel, comme j'ai tantôt dit de l'idée du froid. Elle est aussi fort claire et fort distincte, puisque tout ce que mon esprit conçoit clairement et distinctement de réel et de vrai, et qui contient en soi quelque perfection, est contenu et renfermé tout entier dans cette idée. Et ceci ne laisse pas d'être vrai, encore que je ne comprenne pas l'infini, et qu'il se rencontre en Dieu une infinité de choses que je ne puis comprendre, ni peut-être aussi atteindre aucunement de la pensée ; car il est de la nature de l'infini que moi qui suis fini et borné ne le puisse comprendre ; et il suffit que j'entende bien cela, et que je juge que toutes les choses que je conçois clairement, et dans lesquelles je sais qu'il y a quelque perfection, et peut-être aussi une infinité d'autres que j'ignore, sont en Dieu formellement ou éminemment, afin que l'idée que j'en ai soit la plus vraie, la plus claire et la plus distincte de toutes celles qui sont en mon esprit.

Mais peut-être aussi que je suis quelque chose de plus que je ne m'imagine, et que toutes les perfections que j'attribue à la nature d'un Dieu sont en quelque façon en moi en puissance, quoiqu'elles ne se produisent pas encore et ne se fassent point paraître par leurs actions. En effet, j'expérimente déjà que ma connaissance s'augmente et se perfectionne peu à peu ; et je ne vois rien qui puisse empêcher qu'elle ne s'augmente ainsi de plus en plus jusqu'à

l'infini, ni aussi pourquoi, étant ainsi accrue et perfec-
tionnée, je ne pourrais pas acquérir par son moyen toutes
les autres perfections de la nature divine, ni enfin pourquoi la puissance que j'ai pour l'acquisition de ces perfections, s'il est vrai qu'elle soit maintenant en moi, ne serait
pas suffisante pour en produire les idées. Toutefois, en y
regardant un peu de près, je reconnais que cela ne peut
être ; car, premièrement, encore qu'il fût vrai que ma connaissance acquît tous les jours de nouveaux degrés de perfection, et qu'il y eût en ma nature beaucoup de choses en
ma puissance qui n'y sont pas encore actuellement, toutefois ces avantages n'appartiennent et n'approchent en
aucune sorte de l'idée que j'ai de la Divinité, dans laquelle
rien ne se rencontre seulement en puissance, mais tout
y est actuellement et en effet. Et même n'est-ce pas un
argument infaillible et très certain d'imperfection en ma
connaissance, de ce qu'elle s'accroît peu à peu et qu'elle
s'augmente par degrés? De plus, encore que ma connaissance s'augmentât de plus en plus, néanmoins je ne laisse
pas de concevoir qu'elle ne saurait être actuellement infinie, puisqu'elle n'arrivera jamais à un si haut point de perfection qu'elle ne soit encore capable d'acquérir quelque plus
grand accroissement. Mais je conçois Dieu actuellement
infini en un si haut degré qu'il ne se peut rien ajouter
à la souveraine perfection qu'il possède. Et enfin, je
comprends fort bien que l'être objectif d'une idée ne peut
être produit par un être qui existe seulement en puissance,
lequel à proprement parler n'est rien, mais seulement par
un être formel ou actuel.

(Extrait de la IIIᵉ Méditation.)

VII. — SUR LA PREUVE ONTOLOGIQUE.

Je ne vois pas de quel genre de choses vous voulez
que l'existence soit [1], ni pourquoi elle ne peut pas aussi
bien être dite une propriété comme la toute-puissance,
prenant le nom de propriété pour toute sorte d'attribut, et
pour tout ce qui peut être attribué à une chose, selon
qu'en effet il doit être pris ici. Mais, bien davantage, l'existence nécessaire est vraiment en Dieu une propriété

1. On remarquera que Descartes, en répondant à Gassendi, répond
en même temps à Kant, qui invoque au fond le même argument.

prise dans le sens le moins étendu, parce qu'elle convient
à lui seul, et qu'il n'y a qu'en lui qu'elle fasse partie de
l'essence. C'est pourquoi aussi l'existence du triangle ne
doit pas être comparée avec l'existence de Dieu, parce
qu'elle a manifestement en Dieu une autre relation à l'essence qu'elle n'a pas dans le triangle; et je ne commets
pas plutôt en ceci la faute que les logiciens nomment une
pétition de principe, lorsque je mets l'existence entre les
choses qui appartiennent à l'essence de Dieu, que lorsqu'entre les propriétés du triangle je mets l'égalité de la
grandeur de ses trois angles avec deux droits. Il n'est pas
vrai aussi que l'essence et l'existence en Dieu, aussi bien
que dans le triangle, peuvent être conçues l'une sans
l'autre, parce que Dieu est son être, et non pas le triangle.
Et toutefois je ne nie pas que l'existence possible ne
soit une perfection dans l'idée du triangle, comme l'existence nécessaire est une perfection dans l'idée de Dieu;
car cela la rend plus parfaite que ne sont les idées de
toutes ces chimères que nous supposons ne pouvoir être
produites. Et partant, vous n'avez en rien diminué la force
de mon argument et vous demeurez toujours abusé par
ce sophisme que vous dites avoir été si facile à résoudre...
Vous vous trompez grandement quand vous dites qu'on
ne démontre pas l'existence de Dieu comme on démontre
que tout triangle rectiligne a ses trois angles égaux à deux
droits; car la raison est pareille en tous les deux, hormis
que la démonstration qui prouve l'existence de Dieu est
beaucoup plus simple et plus évidente que l'autre.

(Extrait des Réponses aux Ves objections.)

VIII. — SUR LES IDÉES INNÉES [1].

Je n'ai jamais écrit ni jugé que l'esprit ait besoin
d'idées naturelles qui soient quelque chose si différent de
la faculté qu'il a de penser. Mais bien est-il vrai que,
reconnaissant qu'il y avait certaines pensées qui ne procé-
daient ni des objets du dehors, ni de la détermination de
ma volonté, mais seulement de la faculté que j'ai de

[1] Nous donnons cet extrait et les suivants afin de compléter l'exposition de la doctrine de Descartes sur des points importants qui ne
sont pas traités dans le *Discours de la Méthode.*

penser, pour établir quelque différence entre les idées ou
les notions qui sont les formes de ces pensées, et les distinguer des autres qu'on peut appeler *étrangères* ou *faites
à plaisir*, je les ai nommées *naturelles*; mais je l'ai dit au
même sens que nous disons que la générosité, par exemple, est naturelle à certaines familles; ou que certaines
maladies, comme la goutte ou la gravelle, sont naturelles
à d'autres; non pas que les enfants qui prennent naissance dans les familles soient travaillés de ces maladies
aux ventres de leurs mères, mais parce qu'ils naissent
avec la disposition ou la faculté de les contracter.

(Extrait de la Lettre XXXVIII, édit. Garnier, t. IV, p. 85.)

IX. — SUR LA LIBERTÉ.

Il n'y a que la volonté seule ou la seule liberté du
franc arbitre que j'expérimente en moi être si grande que
je ne conçois point l'idée d'aucune autre plus ample et
plus étendue, en sorte que c'est elle principalement qui me
fait connaître que je porte l'image et la ressemblance de
Dieu. Car, encore qu'elle soit incomparablement plus grande
dans Dieu que dans moi, soit à raison de la connaissance
et de la puissance qui se trouvent jointes avec elle et qui
la rendent plus ferme et plus efficace, soit à raison de
l'objet, d'autant qu'elle se porte et s'étend infiniment à
plus de choses, elle ne me semble pas toutefois plus grande,
si je la considère formellement et précisément en elle-
même. Car elle consiste seulement en ce que nous pouvons
faire une même chose ou ne la faire pas, c'est-à-dire affirmer ou nier, poursuivre ou fuir une même chose; ou plutôt
elle consiste seulement en ce que, pour affirmer ou nier,
poursuivre ou fuir les choses que l'entendement nous propose, nous agissons de telle sorte que nous ne sentons
point qu'aucune force extérieure nous y contraigne. Car, afin
que je sois libre, il n'est pas nécessaire que je sois indifférent à choisir l'un ou l'autre des deux contraires; mais
plutôt, d'autant plus que je penche vers l'un, soit que je
connaisse évidemment que le bien et le vrai s'y rencontrent, soit que Dieu dispose ainsi l'intérieur de ma pensée,
d'autant plus librement j'en fais choix et je l'embrasse; et
certes la grâce divine et la connaissance naturelle, bien
loin de diminuer ma liberté, l'augmentent plutôt et la for-

tifient; de façon que cette indifférence, que je sens lorsque je ne suis point emporté vers un côté plutôt que vers un autre par le poids d'aucune raison, est le plus bas degré de la liberté, et fait plutôt paraître un défaut dans la connaissance qu'une perfection dans la volonté; car si je connaissais toujours clairement ce qui est vrai et ce qui est bon, je ne serais jamais en peine de délibérer quel jugement et quel choix je devrais faire; et ainsi je serais entièrement libre, sans jamais être indifférent.

(Extrait de la IVe Méditation.)

X. — SUR LES VÉRITÉS ÉTERNELLES.

Les vérités métaphysiques, lesquelles vous nommez éternelles, ont été établies de Dieu et en dépendent entièrement aussi bien que tout le reste des créatures; c'est, en effet, parler de Dieu comme d'un Jupiter ou d'un Saturne, et l'assujettir au Styx et aux destinées, que de dire que ces vérités sont indépendantes de lui. Ne craignez point, je vous prie, d'assurer et de publier partout que c'est Dieu qui a établi ces lois en la nature, ainsi qu'un roi établit les lois en son royaume. Or il n'y en a aucune en particulier que nous ne puissions comprendre si notre esprit se porte à la considérer, et elles sont toutes *mentibus nostris ingenitæ*, ainsi qu'un roi imprimerait ses lois dans le cœur de tous ses sujets, s'il en avait aussi bien le pouvoir. Au contraire, nous ne pouvons comprendre la grandeur de Dieu, encore que nous la connaissions; mais cela même que nous la jugeons incompréhensible nous la fait estimer davantage. Ainsi qu'un roi a plus de majesté lorsqu'il est moins familièrement connu de ses sujets; pourvu toutefois qu'ils ne pensent pas être sans roi, et qu'ils le connaissent assez pour n'en point douter. On vous dira « que si Dieu avait établi ces vérités, il les pourrait changer comme un roi fait ses lois »; à quoi il faut répondre que oui, si sa volonté peut changer. « Mais je les comprends comme éternelles et immuables »; et moi, je juge de même de Dieu. « Mais sa volonté est libre »; oui, mais sa puissance est imcompréhensible, et, généralement, nous pouvons bien assurer que Dieu peut faire tout ce que nous pouvons comprendre, mais non pas qu'il ne peut faire ce que nous ne pouvons pas comprendre; car ce serait témérité de penser que notre imagination a autant d'étendue que sa puissance; j'espère écrire ceci, même avant qu'il soit quinze jours, dans ma *Physique*; mais je ne vous prie point pour cela de le tenir secret; au contraire, je vous convie de le dire aussi souvent que l'occasion s'en présentera, pourvu que ce soit sans me nommer; car je serai bien aise de savoir les objections qu'on pourra faire contre, et aussi que le monde s'accoutume à entendre parler de Dieu plus dignement, ce me semble, que n'en parle le vulgaire, qui l'imagine presque toujours ainsi qu'une chose finie.

(Extrait de la Lettre LXXI, au Père Mersenne.)

PHILOSOPHIE DE DESCARTES

1. — Exposer en les expliquant les quatre règles de la méthode données par Descartes. (Voy. p. 93.)

2. — Expliquer par des exemples cette maxime de Descartes : Ce n'est pas assez d'avoir l'esprit bon ; le principal est de l'appliquer bien. (*Ibid.*)

3. — Analyser les quatre règles de Descartes et les réduire à l'essentiel de la méthode qu'elles contiennent. (*Ibid.*)

4. — Des abus du syllogisme. — Quelles sont les critiques de Descartes et de la *Logique de Port-Royal* contre cette forme de raisonnement? (Voy. p. 101.)

5. — Peut-on dire avec Descartes que l'âme pense toujours? Voy. p. 114.)

6. — Qu'appelle-t-on doute méthodique dans la philosophie de Descartes, et en quoi se distingue-t-il du doute des sceptiques? (Voy. p. 105.)

7. — Des raisons qui prouvent l'existence de Dieu, d'après la quatrième partie du *Discours de la méthode.* (Voy. p. 49.) et 115.)

8. — Exposer les principaux points de la philosophie de Descartes, d'après la quatrième partie du *Discours de la méthode.*

9. — Analyser la quatrième partie du Discours de la méthode et en faire ressortir l'importance dans l'ensemble du système de Descartes.

10. — Montrer par quelques exemples l'influence de la philosophie cartésienne dans la *Logique de Port-Royal.*

11. — Exposer la théorie cartésienne des animaux-machines et de l'automatisme des bêtes. — Discuter cette hypothèse. (Voy. p. 128.)

12. — Comparer Bacon et Descartes. (Voy. p. 105.)

13. — Quelles sont les maximes dans lesquelles consiste ce qu'on appelle la morale provisoire de Descartes?

14. — Comparer Descartes et Spinoza.

TABLE DES MATIÈRES

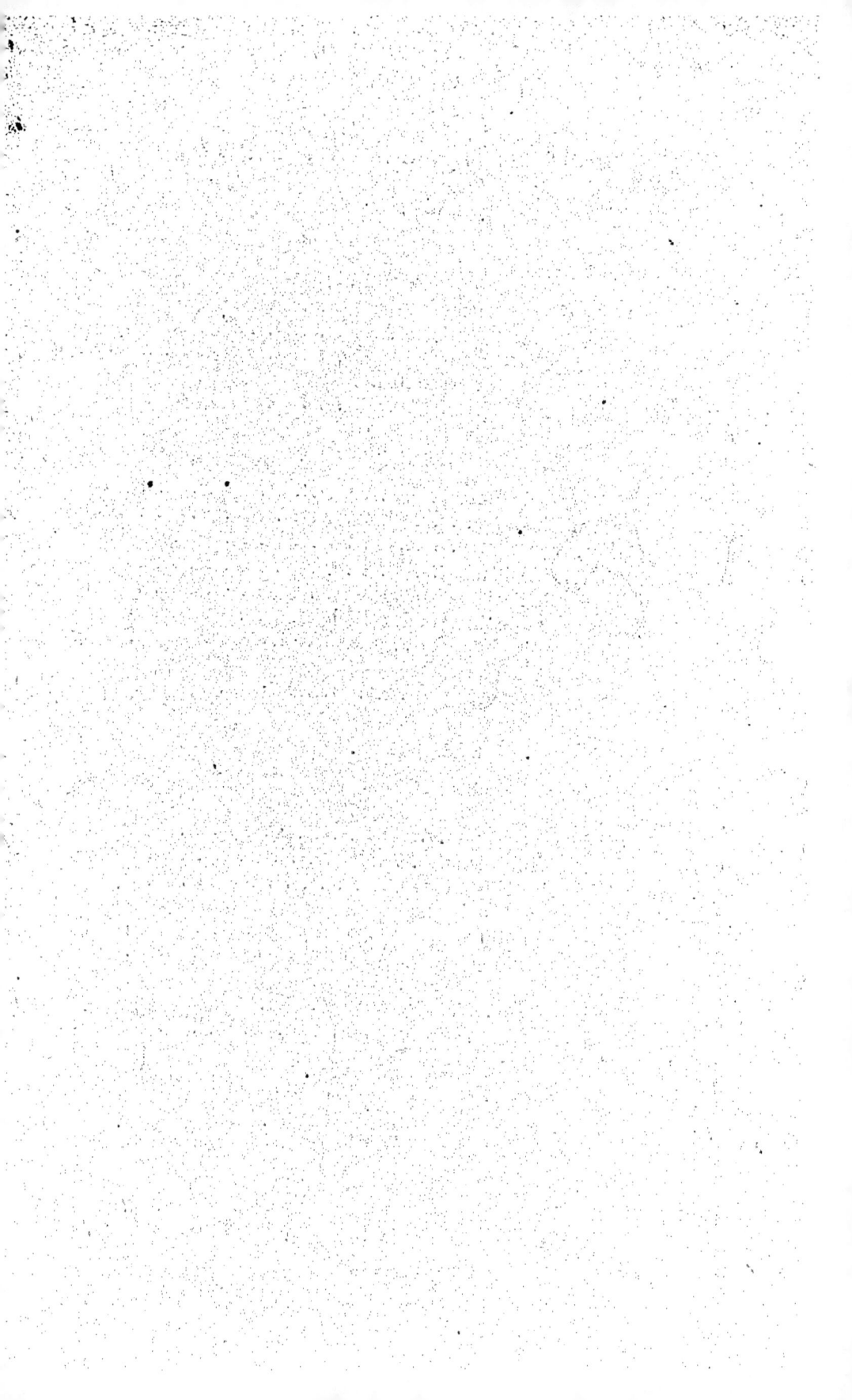

www.ingramcontent.com/pod-product-compliance
Lightning Source LLC
Chambersburg PA
CBHW060801110426
42739CB00032BA/2409